基础汉语课本

修 订 本

第 二 册

ELEMENTARY CHINESE
READERS

REVISED EDITION

BOOK TWO

北京语言学院 编

华语教学出版社

北 京

SINOLINGUA

BEIJING

First Edition   1994
Second Printing   1997
Third Printing   2002
Fourth Printing   2004

ISBN 7-80052-135 -4
Copyright 1994 by Sinolingua
Published by Sinolingua
24 Baiwanzhuang Road, Beijing 100037, China
Tel: (86) 10-68995871 / 68326333
Fax: (86) 10-68326333
E-mail: hyjx@263.net
Printed by Beijing Foreign Languages Printing House
Distributed by China International
Book Trading Corporation
35 Chegongzhuang Xilu, P.O. Box 399
Beijing 100044, China

Printed in the People's Republic of China

目　录

CONTENTS

注释　Note

  ① "以前"和"以后"　以前 and 以后

语法　Grammar

  ① 语气助词"了"（二）The modal particle 了 (2)

  ② "要…了"格式　The construction 要…了

课文　Text 去长城

注释　Notes

  ① 语气助词"吧"　The modal particle 吧

  ② "好吧"

语法　Grammar

  1．简单趋向补语　The simple directional complement

  2．简单趋向补语与宾语的位置　The position of the simple directional complement and the object

  3．"在"作结果补语　在 used as a complement of result

课文　Text 一张药方（小话剧）

注释　Note

  ① "不行"

语法　Grammar

  1．动词重叠　The duplication of verbs

  2．动态助词"过"　The aspectual particle 过

  3．动量词"次""遍""下儿"　The verbal measure words 次，遍 and 下儿

课文　Text 春节

③ "不是…吗"

语法 Grammar

1. "把"字句（一）The 把-sentence (1)

2. 用"把"字句要注意的事项 Points to note when using the 把-sentence.

3. 能愿动词和否定词在"把"字句中的位置 The position of the auxiliary verb and the negative word in the 把-sentence

课文 Text 布置会场

注释 Notes

① "大家看摆成什么样子"

② "写上'联欢会'三个字"

语法 Grammar

"把"字句（二）The 把-sentence (2)

课文 Text 放假回农村

注释 Note

① 副词"还"

语法 Grammar

1. 用"比"表示比较 比 used to show comparison

2. 数量补语 The numeral-measure complement

3. "一天比一天"作状语 一天比一天 used as an adverbial

课文 Text （一）学生数目

（二）中国

语法 Grammar

语法　Grammar

1．意义上的被动句　The sentence with implied passive voice

2．"被"字句　The 被-sentence

课文　Text　学会查字典

语法　Grammar

1．"一…就…"

2．复句　The compound sentence

3．"除了…以外"

4．量词或数量词重叠　The duplication of measure words and numeral-measure words

5．形容词重叠　The duplication of adjectives

第二十三课　Lesson 23

> 昨天我进城了。
>
> 哈利没（有）来。

一、替换练习　Substitution Drills

1. 安娜在宿舍吗？
   不在。
   她去哪儿了？
   她去<u>图书馆</u>了。

操场	礼堂
食堂	邮局
医院	

2. 你去哪儿了？①
   我去商店了。
   你买什么了？
   我买<u>水果</u>了。

苹果	糖
啤酒	汽水

3. 哈利<u>来</u>了吗？
   哈利没（有）来。

走	去	睡

1

4. 昨天你作什么了？
   昨天我进城了。

看电影　去公园
去朋友那儿
参加足球比赛

5. 你复习课文了没有？
   我没复习课文。
   （我还没复习呢。）

念，生词
听，录音
作，练习
翻译，句子

6. 马丁为什么没来？
   他觉得不舒服。
   病了吗？
   他感冒了。

病　发烧

二、课文　Text

哈利病了

现在八点钟，已经上课了。同学们都进教室了，张老师也来了。哈利还没有来。张老师问：

"哈利去哪儿了？为什么没有来？"

2

"他病了。"一个同学回答。

"他去医院了吗？"

"去了。昨天上午他觉得不舒服，下午去医院了。"

"大夫给他药了吗？"

"给了。"

"他吃药了没有？"

"吃了。"

"今天早上他觉得怎么样？起床了吗？"

"还没有呢。今天早上他头疼，发烧，没起床。"

"他什么病，大夫说了吗？"

"大夫说了，是感冒。"

"可能他穿得太少②。你们一定要注

意，别感冒。"

1.	了	（语助）	le	*a modal particle*
2.	医院	（名）	yīyuàn	hospital
3.	水果	（名）	shuǐguǒ	fruit
4.	苹果	（名）	píngguǒ	apple
5.	糖	（名）	táng	sweets, sugar
6.	啤酒	（名）	píjiǔ	beer
7.	汽水	（名）	qìshuǐ	fizzy drink, soda water
8.	走	（动）	zǒu	to walk, to leave
9.	觉得	（动）	juéde	to feel
10.	舒服	（形）	shūfu	comfortable
11.	病	（动）	bìng	to fall ill
12.	感冒	（动）	gǎnmào	to catch cold
13.	发烧		fāshāo	to have a fever
14.	已经	（副）	yǐjīng	already
15.	药	（名）	yào	medicine
16.	头	（名）	tóu	head
17.	疼	（动）	téng	to ache, pain

18.	可能	（副）	kěnéng	maybe, perhaps
19.	穿	（动）	chuān	to wear, to put on
20.	一定	（副）	yídìng	certainly
21.	注意	（动）	zhùyì	to pay attention to
22.	别	（副）	bié	*used to formulate the imperative*, don't

补充生词 Additional Words

1.	香蕉	（名）	xiāngjiāo	banana
2.	橘子	（名）	júzi	orange
3.	梨	（名）	lí	pear
4.	巧克力	（名）	qiǎokèlì	chocolate
5.	罐头	（名）	guàntou	can, tin

四、注释 Notes

① "你去哪儿了" 在中国，这是朋友或熟人之间打招呼的常用语。

In China 你去哪儿了 is a common greeting among friends or acquaintances.

② 副词"可能" 副词"可能"表示估计，比"也许"的语气肯定。可用在主语前，也可用在动词前。

The adverb 可能 is used before or after the subject to express surmise. It implies a higher degree of probability than 也许.

5

五、语法　Grammar

1. 语气助词"了"（一）　The modal particle 了（1）

语气助词"了"可以表示几种不同的语气。本课讲的"了"，是表示某个动作或某一情况肯定已经发生。试比较下面两组对话：

The modal particle 了 has various functions. In this lesson we discuss the use of 了 as an aspectual particle, showing completed action. Compare the following two groups of dialogues below.

$$
(1)\begin{cases}你去哪儿？\\我去商店。\\你买什么？\\我买水果。\end{cases}\qquad(2)\begin{cases}你去哪儿了？\\我去商店了。\\你买什么了？\\我买水果了。\end{cases}
$$

第（1）组对话没有用"了"，表示"去商店"、"买水果"的动作还没有实现。第（2）组对话用了"了"，表示上述动作肯定已经发生。

The absence of 了 in group (1) shows that the actions have not yet happened, while its use in group (2) shows that the actions are completed.

2. 带语气助词"了"（一）句的否定式

Negative form of sentences with the modal particle 了 (1)

带语气助词"了"（一）的句子，否定时在动词前面加上"没有"或"没"，去掉"了"。例如：

The negative form of a sentence with the modal particle 了 (1) is constructed by putting the adverb 没有 or 没 before the verb and omitting 了, e.g.

哈利来了吗？

——他没（有）来。

你看电影了吗？

——我没（有）看。

有时用"还没（有）…呢"表示还没开始或者还没完成的动作。"呢"是语气助词。例如：

Sometimes the construction 还没（没）…呢, in which 呢 is a modal particle, is used to show that an action has not started or has not yet been completed, e.g.

你复习课文了吗？

——我还没复习呢。

他去医院了吗？

——还没有呢。

3. 带语气助词"了"（一）句的正反疑问式

The affirmative-negative question with modal particle 了 (1)

带语气助词"了"（一）的句子，正反疑问式如下：

The form of such a question is as follows:

昨天你看电影了没有？

——我看了。

哈利来了没有？

——没有。

"没有"在句尾时不能省为"没"。

没有 at the end of a sentence cannot be shortened to 没。

六、练习 Exercises

1. 完成下列对话：
   Complete the following dialogue：

   A: 小王，_____？

   B: 我去商店了。

   A: _____？

   B: 我买苹果了。

   A: 你没买汽水吗？

   B: _____，啤酒也买了。

   A: _____？

   B: 我没买。我不喜欢吃糖，你想买吗？

   A: _____，还想买一些水果。今天下午你还去商店吗？

   B: _____，我可以和你一起去。

   A: 太好了，下午我们一起去。

2. 把下面带"吗"的疑问句改为正反疑问句，然后作否定的回

8

答：

Change the following questions with 吗 into affirmative — negative questions, and then give negative answers to them:

（1）今天的语法你复习了吗？

（2）昨天你进城了吗？

（3）你借的那本杂志还了吗？

（4）翻译句子练习你作了吗？

（5）昨天晚上的电影你看了吗？

（6）星期日你在城里买衣服了吗？

3. 把下面句子里的肯定式改为否定式，否定式改为肯定式：
Change the affirmative sentences into negative ones and vice versa:

（1）昨天晚上哈利看电视了。

（2）安娜想买苹果。

（3）小王打乒乓球打得很好。

（4）马丁参加昨天的足球比赛了。

（5）他弟弟没去医院。

（6）明天他去朋友家。

（7）那个医院离他家很远。

（8）他走了，今天没有来上课。

（9）她没发烧，能上课。

（10）小张病了，头疼。

4. 根据课文回答问题：
Answer the questions according to the text:

（1）现在几点了？上课了没有？

（2）张老师来教室了没有？

（3）哈利来了吗？为什么？

（4）哈利去医院了吗？

（5）大夫给哈利药了没有？他吃药了吗？

（6）今天早上哈利起床了吗？他觉得怎么样？

（7）哈利什么病？大夫说了吗？

汉字表 Table of Chinese Characters

1	了	⁻了	
2	医	匚（⁻匚）	醫
		矢（ノ 匸 匸 午 矢）	
3	水	丨刀水水	
4	果		

5	苹	艹	蘋
		一 广 广 亓 平	
6	糖	丶 丷 业 半 米 米	
		广 广 庐 庐 庐 唐	
7	啤	口	
		卑（丶 丿 白 白 白 白 鱼 卑）	
8	酒	氵	
		酉（一 丆 兀 丙 西 西 酉）	
9	汽	氵	
		气（丿 一 气 气）	
10	走	土	
		止	
11	舒	舍	
		予（丶 ヌ 子 予）	
12	病	疒（丶 亠 广 广 疒）	
		丙（一 丆 丙 丙 丙）	
13	感	一 厂 厂 后 咸 咸 感 感	
14	冒	日（丨 冂 冃 日）	
		目	

15	烧	火	
		尧（一 ㇆ ㇂ ㇂ 尧 尧）	
16	已	一 𠃍 已	
17	经	纟	經
		圣（㇇ 乛 ㇈ 圣 圣）	
18	药	艹	藥
		约 纟	
		勺	
19	头	丶 丶 二 头 头	頭
20	疼	疒	
		冬（丿 ㇇ 夂 冬 冬）	
21	穿	穴（宀 宍 穴）	
		牙（一 二 于 牙）	
22	定	宀	
		疋	
23	注	氵	
		主（丶 主）	
24	意	立	
		日	
		心	

12

第二十四课 Lesson 24

我买了三本书。

我们吃了饭就进城。

我们两点出发，三点才到。

1. 你买什么了？
   我买书了。
   你买了几本书？
   我买了三本（书）。

本子，	个
画片，	张
衣服，	件
啤酒，	瓶
苹果，	斤

2. 昨天你们参观了什么地方？
   昨天我们参观了一个工厂。

学校	医院
博物馆	

3. 你们看了展览去哪儿了？

我们看了展览就回学校了。

```
看，电影，回家
买，东西，回宿舍
吃，饭，    上街
下，课，去小卖部
```

4. 明天你吃了早饭去哪儿？

明天我吃了早饭就去公园。

```
买，    东西，去展览馆
看，    球赛，去商店
下，    课，    去电影院
参观，展览，回学校
```

5 展览馆不远，我们两点出发，两点一刻
就到了。

14

那个工厂，	八点，	八点二十
体育馆，	六点半，	六点五十
人民剧场，	六点四十，	七点
清华大学，	两点半，	两点三刻

6. 展览馆很远，我们两点出发，三点才到。

友谊商店，	一点，	两点一刻
工人体育场，	六点，	七点十分
大使馆，	八点半，	九点半
天坛公园，	八点，	九点一刻

二、课文 Text

看 展 览

昨天下午，我们去参观了。我们看了一个展览。展览馆离学校不太远。我们两点出发，两点二十就到了。

到了展览馆，我们就开始参观。展览

馆的工作人员很热情，他们给我们介绍了很多情况。我们一共看了六个展览室，我们提了一些问题，讲解员都回答了。

展览馆旁边有个小卖部，我们在那儿买了一些画片和别的纪念品。五点半我们才回学校。

我觉得这个展览很有意思。看了展览，我们了解了不少情况。

三、生词 New Words

1. 了 （动助） le　　　　*a modal particle*
2. 画片 （名） huàpiàn　　small reproductions of paintings

3.	瓶	（量）	píng	bottle
4.	斤	（量）	jīn	*jin, a Chinese unit of weight (=1/2 kg.)*
5.	参观	（动）	cānguān	to visit
6.	博物馆	（名）	bówùguǎn	museum
7.	展览	（名、动）	zhǎnlǎn	exhibition; to exhibit
8.	就	（副）	jiù	then
9.	小卖部	（名）	xiǎomàibù	a small shop attached to a hotel, a school, etc.
10.	展览馆	（名）	zhǎnlǎnguǎn	exhibition hall
11.	球赛	（名）	qiúsài	ball game
12.	出发	（动）	chūfā	to start out
13.	到	（动）	dào	to arrive
14.	人民 剧场	（专）	Rénmín Jùchǎng	People's Theatre
15.	才	（副）	cái	then and only then
16.	天坛 公园	（专）	Tiāntán Gōngyuán	the Temple of Heaven Park
17.	开始	（动）	kāishǐ	to begin
18.	热情	（形）	rèqíng	cordial, enthusiastic

19.	给	（介）gěi	for, to
20.	介绍	（动）jièshào	to introduce
21.	情况	（名）qíngkuàng	situation
22.	提	（动）tí	to put forward
23.	讲解员	（名）jiǎngjiěyuán	guide
24.	纪念品	（名）jìniànpǐn	souvenir
25.	了解	（动）liǎojiě	to understand

补充生词　Additional Words

1.	展品	（名）zhǎnpǐn	exhibits
2.	工艺品	（名）gōngyìpǐn	craft products
3.	图片	（名）túpiàn	picture, photograph
4.	图表	（名）túbiǎo	chart
5.	实物	（名）shíwù	real object

四、语法　Grammar

1. 动态助词 "了"　The aspectual particle　了

一个动作可以处在进行、持续、完成等不同的阶段。动作的不同阶段可以由动态助词或副词等表示。动态助词 "了" 用在动词后边可以表示动作的完成。带动态助词 "了" 的动词后边如果有宾语，宾语常带数量词或其他定语。例如：

The Chinese verbal aspect—progressive, continuous, perfect tense etc., is indicated by the use of an aspectual particle, adverb

18

or other modifier. The aspectual particle 了 added to a verb shows the completion of an action. If a verb with the aspectual particle 了 takes an object, the object is usually qualified by a numeral-measure word or another attributive, e.g.

他买了三本书。

看了这个展览，我们了解了不少情况。

发生在过去的动作，如果不需要着重说明动作已经完成时，动词后不加"了"。例如：

When a past action is a habitual one or there is no need to emphasize its completion, 了 is not used after the verb, e.g.

去年他常常来。

一九八三年他在北京工作。

2. 带动态助词"了"的句子的否定

The negative form of sentences with an aspectual particle 了.

带动态助词"了"的句子的否定式，是在动词前用 "没"（或"没有"），去掉"了"。例如：

The negative form of such a sentence is made up by putting 没 or 没有 before the verb and omitting 了, e.g.

他买了几张画片？

——我没买画片。

3 "才"和"就" The adverbs 才 and 就

"才"和"就"都是副词。"才"表示动作发生得晚，或进行得不顺利。例如：

Both 才 and 就 are adverbs. 才 is used to show that an action is happening later than expected or considered appropriate, or occurs with difficulty, e.g.

电影九点开始，九点一刻他才来。

天坛公园很远，我们两点出发，三点才到。

"就"表示动作发生得早或进行得顺利。例如：

就 is used to show that an action happens earlier than expected or goes without a hitch. e.g.

电影九点开始，八点三刻他就来了。

展览馆很近，我们两点出发，两点一刻就到了。

如果表示两个动作连续发生，第二个动作紧接第一个动作，第一个动词后边加动态助词"了"，第二个动词用"就"引出。例如：

When two actions happen in succession, the aspectual particle了is added to the first verb, and the second verb is introduced by the adverb 就, e.g.

他下了课就回宿舍了。

表示将来发生的动作也可以用这种句子。例如：

This construction may also be used to refer to the future, e.g.

明天吃了饭我就去图书馆。

六、练习　Exercises

1. 用给的一组词作带动态助词"了"的句子：
Make sentences with the aspectual particle 了, using the words given:

(1) 参观　　博物馆

(2) 买　　　啤酒

(3) 借　　　书

(4) 看　　　电影

(5) 介绍　　情况

(6) 看　　　展览室

2. 用"才"和"就"填空：
Fill in the blanks with 才 or 就：

(1) 参观九点开始，他九点十分__到。

(2) 展览室不太多，我们看得很快，
四点半__回学校了。

(3) 小王病了，觉得很不舒服，晚上
八点__睡了。

(4) 他昨天睡得很晚，十二点钟__睡。

(5) 今天上午参观博物馆，八点出发，
他七点半__来了。

21

（6） 剧场离学校很近，走十五分钟＿
到了。

3. 根据课文回答问题：

Answer the questions according to the text:

（1） 昨天下午你们作什么了？

（2） 展览馆离学校远不远？

（3） 你们几点出发？几点到了展览馆？

（4） 到了展览馆你们就开始参观吗？

（5） 展览馆的工作人员热情不热情？

（6） 谁给你们介绍情况了？

（7） 你们一共看了几个展览室？

（8） 讲解员回答你们的问题了吗？

（9） 展览馆有小卖部吗？小卖部在哪
儿？

（10） 你们买纪念品了吗？在哪儿买的？

（11） 你们几点钟回学校了？

（12） 你觉得这个展览怎么样？

4 把本课课文改成对话。

Rewrite the text as a dialogue.

汉字表　Table of Chinese Characters

1	片	ノ ノ′ ナ 片 片
2	瓶	并（丶 丷 丷 兰 并 并）
		瓦（一 丆 瓦 瓦）
3	斤	
4	观	又　　　　　　　　　　　觀
		见
5	博	十
		專（一 一 一 一 一 百 百 亩 專 專）
6	物	牛
		勿
7	展	尸
		衣（一 十 艹 艹 艹 芦 芦 衣）
8	就	京
		尤（一 ナ 尢 尤）
9	卖	十　　　　　　　　　　　賣
		买
10	部	咅（立 咅）

		阝	
11	出	乚 凵 屮 出 出	
12	到	至（ 厶 至 ）	
		刂	
13	才	一 十 才	
14	坛	圡	壇
		云（ 一 二 云 云 ）	
15	开	一 二 于 开	
16	始	女	
		台（ 厶 台 ）	
17	热	执（ 扌 执 执 ）	熱
		灬	
18	情	忄	
		青	
19	介		
20	绍	纟	紹
		召（ 刀 召 ）	
21	况	冫	

		兄（口兄）		
22	提	扌		
		是		
23	讲	讠		講
		井（一 二 井 井）		
24	解	角（ノ ク 夕 角 角 角 角）		
		罕	刀	
			牛	
25	纪	纟		紀
		己		
26	品	口 吕 品		

第二十五课 Lesson 25

他去上海旅行。

每个学生都有两个本子。

1. 你去哪儿？
   我去上海。
   你去上海作什么？
   我去上海旅行。

城里，	买东西
清华大学，	找同学
天津，	参观工业展览
南京，	参观农业展览

2. 你坐火车去上海吗？
   不，我坐飞机去。

飞机，	广州，	火车
汽车，	那个城市，	船
火车，	南京，	飞机
船，	那儿，	汽车

3. 他们用<u>钢笔</u>写字吗？
不，他们用<u>毛笔</u>写字。

铅笔，	作练习，	圆珠笔
英语，	谈话，	汉语
汉语，	介绍情况，	英语
法语，	打电话，	汉语

4. 哪<u>个</u>房间是你的？
左边第二个房间是我的。

张，	桌子
把，	椅子
个，	位子

5. <u>每个</u>学生有几个<u>本子</u>？
每个学生（都）有<u>两个</u>本子。

楼，	阅览室，	三
班，	学生，	十
屋子，	书架，	两
宿舍楼，	电视，	五

二、课文 Text

去 旅 行

　　每年夏天或者冬天，学校常组织留学生去别的城市旅行。今年哈利去上海旅行。他去上海，这是第二次。

　　上海是中国最大的① 工业城市。那儿有很多工厂，商店也很多。上海有个很大的工业展览馆，每天都有很多人②去那儿参观。

　　哈利很喜欢旅行。他认为，旅行可以多了解中国的情况，而且还能练习用汉语谈话。

哈利从北京出发，先坐火车去南京，再从南京去上海。从上海他还要坐飞机去广州和别的城市。

三、生词 New Words

1. 上海　（专）Shànghǎi　　Shanghai
2. 旅行　（动）lǚxíng　　　to travel, tour
3. 找　　（动）zhǎo　　　to look for
4. 天津　（专）Tiānjīn　　Tianjin (Tientsin)
5. 工业　（名）gōngyè　　industry
6. 南京　（专）Nángjīng　Nanjing (Nanking)
7. 农业　（名）nóngyè　　agriculture
8. 坐　　（动）zuò　　　　to sit, to travel by

9.	火车	（名）huǒchē	train
10.	飞机	（名）fēijī	plane
11.	广州	（专）Guǎngzhōu	Guangzhou (Canton)
12.	汽车	（名）qìchē	car
13.	城市	（名）chéngshì	city
14.	船	（名）chuán	ship, boat
15.	用	（动）yòng	to use
16.	字	（名）zì	character (graphic sign)
17.	毛笔	（名）máobǐ	Chinese writing brush
18.	谈（话）	（动）tán(huà)	to talk
19.	话	（名）huà	words, utterances
20.	打（电话）	（动）dǎ(diànhuà)	to make (a telephone call)
21.	电话	（名）diànhuà	telephone
22.	房间	（名）fángjiān	room
23.	第	（头）dì	*a prefix for ordinal numbers*
24.	位子	（名）wèizi	seat
25.	每	（代）měi	every, each
26.	夏天	（名）xiàtiān	summer
27.	冬天	（名）dōngtiān	winter
28.	组织	（动）zǔzhī	to organize

30

29.	次	（量）cì	a verbal measure word, time	
30.	最	（副）zuì	most	
31.	认为	（动）rènwéi	to think, to consider	
32.	而且	（连）érqiě	moreover	
33.	先	（副）xiān	first	
34.	再	（副）zài	again	

补充生词　Additional Words

1.	车票	（名）chēpiào	train or bus ticket	
2.	机票	（名）jīpiào	plane ticket	
3.	船票	（名）chuánpiào	ship ticket	
4.	票价	（名）piàojià	ticket price, fare	
5.	售票处	（名）shòupiàochù	booking office	

四、注释　Notes

① 复杂的定语　The complex attributive

形容词作定语，形容词前有其他副词修饰时，定语和中心语之间一定要加"的"。

When an adjective used as an attributive is itself qualified by an adverb, the structural particle 的 must be used between the attributive and the central word.

② "多"（或"少"）作定语　多 (or 少) used as an

attributive

形容词"多"（或"少"）作定语修饰名词时，前边一定加其他修饰语。如"很多人""这么多书"。

When the adjective 多 (or 少) is used as an attributive to modify a noun, there must be another modifier before 多, e.g. 很多人，这么多书.

五、语法 Grammar

1. 连动句 Multi-verbal sentences

谓语中连用两个以上的动词说明一个主语的句子，叫连动句。连用的几个动词先后顺序是固定的，一般不能改变。例如：

A multi-verbal sentence is one in which the predicate contains two or more verbs in succession governed by a common subject. The verbs are arranged in a fixed order which cannot normally be changed, e.g.

明天他去天津旅行。

我去友谊商店买东西。

他坐飞机去上海。

2. 指代词"每" The demonstrative pronoun 每

指示代词"每"修饰名词时，中间要加量词。例如：

When the demonstrative pronoun 每 is used to modify a noun, a measure word must be put between 每 and the noun, e.g.

每个班有五十个学生。

每课书有十七个或者十八个生词。

个别名词和"每"连用时中间不加量词。如："每天""每年"。

A very few nouns are used together with 每 without any measure word in between, e.g. 每天, 每年.

"每"与副词"都"搭配，强调没有例外。例如：

每 used together with the adverb 都 emphasizes that there is no exception, e.g.

每个学生都作练习了。

每天下午他都打球。

3. 序数 The ordinal number

在数词前加词头"第"，可以表序数。例如："第一""第二次""第四阅览室""第二十五课"。

第 prefixed to a numeral indicates that this is an ordinal number, e.g. 第一，第二次，第四阅览室 and 第二十五课.

六、练习 Exercises

1. 选择恰当的词组填入以下句子的空白中：
   Fill in the blanks with the phrases given:

买水果　　用汉语　　写汉字

打电话　　坐飞机　　看球赛

去南京　　坐火车

（1）我很喜欢南京，今年我要＿＿＿旅行。

（2）我的房间没有电话，我朋友的房间有电话，我常去他那儿＿＿＿。

（3）昨天下午他去体育馆＿＿＿了。

（4）我常常用毛笔＿＿＿。

（5）我们常常＿＿＿跟中国朋友谈话。

（6）今天下午我要跟玛丽去商店＿＿＿。

（7）飞机快，火车慢，我＿＿＿去广州。

（8）他认为坐火车旅行可以多了解情况，今年夏天他想＿＿＿去旅行。

2. 用"每"和所给的词语作问句并回答：
Make questions with 每 and the given words, and answer them:

例 Example:

教室　　　　　桌子

每个教室有几（多少）张桌子？

每个教室（都）有十张桌子。

（1）宿舍　　　　　床

（2）楼　　　　　房间

（3）阅览室　　　　位子

（4）馆　　　　　　展览室

（5）课　　　　　　生词

（6）年　　　　　　星期天

3. 根据课文回答问题：
Answer the questions according to the text:

（1）学校常常组织留学生去别的城市
旅行吗？

（2）今年哈利去哪儿旅行？

（3）哈利是第几次去上海？

（4）上海是一个什么样的城市？

（5）上海的工厂和商店多不多？

（6）上海有工业展览馆吗？

（7）每天都有很多人去工业展览馆参
观吗？

（8）哈利喜欢不喜欢旅行？为什么？

（9）哈利怎么去上海？

（10）哈利还去别的城市吗？

4. 根据实际情况改写下面短文：

Rewrite the following passage to describe your own plans:

下个月有五个星期天。第一个星期天是三月二日，我坐火车去一个小城市，去看我的朋友。第二个星期天是三月九日，我去体育馆看篮球比赛。第三个星期天是三月十六日，我跟朋友一起去文化公园玩儿。第四个星期天是三月二十三日，我跟同学坐汽车去农业展览馆参观。第五个星期天是三月三十日，我不去别的地方，在家休息。

汉字表 Table of Chinese Characters

1	旅	方（`丶一亍方`）
		㫃（`丿㇂㇉㇉㇉㇉`）
2	行	彳
		亍
3	津	氵
		聿（`㇇㇈㇉㇊㇋聿`）
4	业	`丨丨丨业业` 業

5	农	、 一 ヴ 农 农 农	農
6	坐	从	
		土	
7	火	、 ''' ''' 火	
8	车	一 ヒ 车 车	車
9	飞	㇟ ㇟ 飞	飛
10	机	木	機
		几	
11	广		廣
12	州	、 丿 丷 州 州 州	
13	市	、 一 宀 市 市	
14	船	舟 (丿 ㇟ 刀 舟 舟 舟)	
		㕣	
15	谈	讠	談
		炎	
16	话	讠	話
		舌 千 口	
17	房	户 (、 户)	
		方	

18	第	⺮	
		弔	
19	每	⼂	
		母（ㄥ 乃 乌 母 母）	
20	夏	百（一 ㄏ 丆 丆 亓 百 百）	
		夊（丿 勹 夂 夊）	
21	冬		
22	组	纟	組
		且（丨 冂 月 月 且）	
23	织	纟	織
		只（口 只）	
24	次	冫	
		欠（丿 𠂉 ㄅ 欠）	
25	最	日	
		取（一 丆 丌 耳 耳 耳 取 取）	
26	而	一 丆 厂 丙 丙 而	
27	且		
28	先	丿 一 十 牛 生 先	

第二十六课　Lesson　26

商店里买东西的人很多。

他们从七月十五号起放假。

我们从八点半到十二点半上课。

一、替换练习　Substitution Drills

1. 那<u>本</u><u>小说</u>很有意思，<u>买</u>的人很多。

个，	电影，	看
个，	展览，	参观
个，	地方，	去
场，	比赛，	看

2. 街上<u>骑自行车</u>的人多吗？

街上骑自行车的人很多。

商店里，	买东西
火车站，	送客人
汽车站，	等汽车
邮局，	打电报
上一站，	下车
下一站，	下车

3. 他<u>骑</u>的那辆<u>自行车</u>是<u>新</u>的。

买，	自行车，	黑
开，	汽车，	旧
坐，	汽车，	蓝

4. 他们从什么时候起<u>放假</u>？

他们从<u>七月十五号</u>起放假。

学习中文，	九月十号
开始上课，	明天
•早上锻练，	三月一号

5. 我们从八点半到十二点半上课。

七月十五号，	八月三十一号，	放假
七月二十五号，	八月十四号，	去旅行
今年九月，	明年七月，	学汉语

6. 他们两个人很热情地握手。

认真，	作练习
安静，	看书
注意，	听介绍
高兴，	看球赛

二、课　文　Text

去　火　车　站

马丁给汉斯打了个电话，他告诉汉斯，从今天起，他们学校放假了。他要坐火车去旅行。他坐的火车下午三点钟开。

汉斯去火车站送马丁。他不想坐公共汽车，因为汽车上人太多，他要骑自行车去。汉斯有一辆新买的自行车。

汉斯吃了午饭就去火车站了。街上骑自行车的人很多。从学校到火车站很远，汉斯一点从学校出发，两点二十才到。

汉斯在火车站等马丁。这一天，去车站①的人很多，有坐火车去外地的，有送朋友的，也有接客人的。两点半，马丁来了，汉斯跟他热情地握手。

马丁上了火车，汉斯对他说："回北京的时候，你先给我打个电报，我来车站接你。"

三、生词 New Words

1. 场　　　　（量）chǎng　　　*a measure word for games, performances*

2. 骑　　　　（动）qí　　　　to ride

3. 自行车　（名）zìxíngchē　bicycle

4. 火车站　（名）huǒchēzhàn　railway station

5. 送　　　　（动）sòng　　　to see (sb.) off

6. 客人　　（名）kèren　　　guest

7. 汽车站　（名）qìchēzhàn　bus stop

8. 等　　　　（动）děng　　　to wait

9. 电报　　（名）diànbào　telegram

10. 上　　　（形）shàng　　last

11. 站　　　（名）zhàn　　　station

12. 下（车）（动）xià(chē)　to get off

13. 下　　　（形）xià　　　next

14. 辆　　　（量）liàng　　*a measure word for vehicles*

15. 开（车）（动）kāi(chē)　to drive, to start

16. 从⋯起　　　cóng...qǐ　from...on

17. 放假　　　fàngjià　　to have a holiday

18. 从⋯到　　　cóng...dào　from...to...

43

19.	地	（助）de	a structural particle
20.	握（手）	（动）wò(shǒu)	to shake (hands)
21.	手	（名）shǒu	hand
22.	汉斯	（专）Hànsī	Hans, name of a person
23.	告诉	（动）gàosu	to tell
24.	公共汽车	gōnggòng qìchē	(public) bus
25.	因为	（连）yīnwèi	because
26.	外地	（名）wàidì	places within a country other than where one is
27.	接	（动）jiē	to meet (be present at the arrival of)
28.	上（.车）	（动）shàng(chē)	to get on (a bus)
29.	对	（介）duì	to

补充生词　Additional Words

1.	候车室	（名）hòuchēshì	waiting-room
2.	进站口	（名）jìnzhànkǒu	entrance of a railway station
3.	出站口	（名）chūzhànkǒu	exit of a railway sta-

tion

4. 站台　　　（名）zhàntái　　　platform
5. 出租汽车　　　chūzūqìchē　　taxi

三、注释　Note

① "车站"

"火车站""汽车站"都可省略为"车站"。

Both 火车站 and 汽车站 can be shortened to 车站.

四、语法　Grammar

1. 结构助词"的"（二）　The structural particle 的
动词、动词短语和主谓词组作定语，定语和中心语之间一定要用"的"。例如：

When a verb, verbal phrase or subject-predicate construction is used as an attributive, 的 must be put between the attributive and the central word, e.g.

这本词典很好，买的人很多。

去上海旅行的学生已经走了。

跑得快的人可以参加这次比赛。

这是我们上课的教室。

2. "从…起"和"从…到"　从…起　and　从…到
"从…起"和"从…到"是两个常用的结构，可以表示时

45

间，也可以表示地点。例如：

Both 从…起 and 从…到 are common constructions which may refer to time, place or distance, e.g.

从今天起，我们学习第二十六课。

从下一站起，还有五站就是展览馆。

下午从四点到五点我们打球。

从这儿到友谊商店很远。

3. 结构助词"地" The structural particle 地

动词或形容词前有状语修饰时，状语和中心语之间有时要用"地"。双音节形容词作状语一般要用"地"，作状语的形容词前有程度副词，"地"一般不能省略。如：

When a verb or an adjective is pre-modified by an adverbial, 地 must in certain cases be used between the adverbial and the central word. When a disyllabic adjective is used as an adverbial, 地 is usually needed. When an adjectival adverbial is pre-modified by an adverb of degree, 地 usually cannot be omitted, e.g.

她高兴地说：安娜到中国来了。

他们很注意地听讲解员介绍情况。

六、练习 Exercises

1. 下面的句子都需要加一个结构助词"的"，请加在恰当的地方：

46

Put the missing structural particle 的 in its correct place in each of the following sentences:

(1) 九月二十号来中国留学生已经开始上课了。

(2) 你说那个电影我还没看呢。

(3) 城外骑自行车人不太多。

(4) 在汽车站等车那些学生都是北京大学的。

(5) 用汉语跟中国人谈话那个外国人是清华大学的学生。

(6) 和他热情握手那个同志是北京展览馆的讲解员。

(7) 去年旅行，我去那个城市是中国最大的城市。

(8) 我们要去参观展览是工业展览，不是农业展览。

2. 把下面每组的两个句子改为带结构助词"的"的一个句子：
Combine each pair of sentences into one sentence using the structural particle 的：

例 Example：

那个学生看画报。

那个学生是我的朋友。

那个看画报的学生是我的朋友。

(1) 他买了一辆自行车。

那辆自行车是蓝颜色的。

(2) 他翻译了那个句子。

那个句子很难。

(3) 那个学生在邮局打电报。

那个学生叫谢力。

(4) 我看了一个中国电影。

那个电影很有意思。

(5) 那个学生在火车站接客人。

他是我的朋友汉斯。

(6) 那些学生下公共汽车。

那些学生是北京语言学院的。

3. 选择恰当的词组填入下面句子的空格中：
Fill in the blanks with the phrases given:

从放假的第二天起　从这一站到下一站

从下一课起　　　从十二点半到一点半

从这儿到火车站　　从九月一号开学起

从左边起　　　　从今年夏天到明年夏天

(1) ＿＿，他们每天骑自行车去学校。

(2) ＿＿这两站很近，只有半公里。

(3) 不太远，＿＿我们不用坐汽车去。

(4) ＿＿他们去上海旅行。

(5) ＿＿他去南京学习。

(6) ＿＿第三辆是我们坐的汽车。

(7) 每天中午＿＿在宿舍休息。

(8) ＿＿我们每课多学五个生词。

4. 根据课文回答问题：

Answer the questions according to the text:

(1) 马丁给汉斯打电话，告诉汉斯什么？

(2) 汉斯去火车站作什么？

(3) 汉斯去火车站坐车去还是骑自行车去？

（4） 学校离火车站近吗？

（5） 汉斯几点出发？几点到火车站？

（6） 汉斯到了火车站马丁也到了吗？

（7） 这一天车站上的人多不多？

（8） 马丁什么时候到了火车站？

（9） 马丁上了火车，汉斯对他说什么？

汉字表 Table of Chinese Characters

1	骑	马	騎
		奇（＊奇）	
2	自		
3	站	立（丶一亠亍立）	
		占（丨卜占）	
4	送	关（丷关）	
		辶	
5	客	宀	
		各（夂各）	
6	等	竹	

		寺（土寺）
7	辆	车 辆
		两
8	放	方
		攵
9	假	亻
		叚（丆丆丆斤斤斤叚叚）
10	握	扌
		屋（尸屋）
11	手	一二三手
12	斯	其
		斤
11	告	丿⺊⺧生告
12	诉	讠 诉
		斥（丿厂厈斥斥）
13	因	口
		大
14	接	扌
		妾（立妾）

51

第二十七课　Lesson 27

你听懂这个故事了吗？

这个问题他没回答对，回答错了。

一、替换练习　Substitution Drills

1. 这篇课文你看了吗？
   我看了。
   你看完了吗？
   我看完了。
   他看完了吗？
   他没看完，只看了一半。

念	学
翻译	预习
复习	

2. 你听懂这个故事了吗？
   这个故事不难，我听懂了。

看，本，小说
听，个，广播节目
看，本，《科学小故事》

3. 这个问题他回答对了吗？

没有。这个问题他没回答对，他回答错了。

汉字，	写
生词，	念
练习，	作
句子，	翻译

4. 刚才他写的字你看见① 了吗？

我没注意看，没看见。

唱，	歌，	听
写，	句子，	看
说，	话，	听
提，	意见，	听

5. 你们几点回到了学校？
   我们五点回到了学校。

他们的汽车，	开
那些同学，	走
排球队，	来

6. 这十个句子，你翻译到第几个了？
   我翻译到第五个了。

练习，	作
生词，	写
问题，	回答

7. 汉斯关上门，打开了窗户。

收音机，	电视机
电视，	窗户
窗户，	录音机

听 广 播

吃完晚饭，我和汉斯回到宿舍。我打开收音机，想听音乐。收音机里广播的是个小故事。我对汉斯说："汉斯，快来听，是小故事，很有意思。"

听完广播，我关上收音机，问汉斯："怎么样，刚才的故事听懂了吗？"

"听懂了一些，没都听懂。"

"我也没都听懂。你常听广播吗？

"我常听，我常听天气预报。"

"明天天气怎么样？"

"明天：晴，最高气温14度。"

我们还没说完，听见丁文在外边叫我，我开开门问他：

"丁文，什么事？"

"快来看电视，今天的节目是排球赛，中国队对美国队。"

我们说："这个节目不能不② 看。"

说完，我们三个一块儿去电视室了。

三、生课 New Words

1. 完	（动）	wán	to finish
2. 一半	（名）	yíbàn	half
3. 懂	（动）	dǒng	to understand
4. 故事	（名）	gùshì	story
5. 广播	（动）	guǎngbō	to broadcast
6. 节目	（名）	jiémù	programme
7. 科学	（名、形）	kēxué	science; scientific
8. 错	（形）	cuò	wrong

9. 刚才	（名）	gāngcái	just now
10. 看见		kànjiàn	to see, catch sight of
11. 见	（动）	jiàn	to see
12. 唱（歌）	（动）	chàng(gē)	sing (a song)
13. 歌	（名）	gē	song
14. 意见	（名）	yìjiàn	opinion
15. 队	（名）	duì	team
16. 关	（动）	guān	to turn off, to close
17. 门	（名）	mén	door
18. 打（开）	（动）	dǎ(kāi)	to turn (on, to open)
19. 开	（动）	kāi	to open
20. 窗户	（名）	chuānghu	window
21. 收音机	（名）	shōuyīnjī	radio
22. 电视机	（名）	diànshìjī	T.V. set
23. 录音机	（名）	lùyīnjī	tape recorder
24. 音乐	（名）	yīnyuè	music
25. 天气	（名）	tiānqì	weather
26. 预报	（动）	yùbào	to forecast
27. 晴	（形）	qíng	clear
28. 高	（形）	gāo	high
29. 气温	（名）	qìwēn	temperature

30.	度	（量）	dù	degree
31.	叫	（动）	jiào	to call
32.	美国	（专）	Měiguó	the United States of America
33.	事	（名）	shì	thing, business
34.	对	（动）	duì	to confront, to compete

补充生课　Additional Words

1.	阴	（形）	yīn	overcast
2.	低	（形）	dī	low
3.	摄氏	（专）	Shèshì	Celsius
4.	零	（数）	líng	zero
5.	零下		língxià	below zero

四、注释　Notes

①"看见""见"常在"看"或"听"之后作结果补语。"看见"的意思是"看到"，"听见"的意思是"听到"。

见　is often used after 看 or 听 as a complement of result. 看见 means 看到, and 听见 means 听到.

②"不能不"　　连用两次否定，意思是肯定的，而且语气比较强。"不能不看"意思是"一定要看"。

Double negation is an emphatic way of indicating affirmation so 不能不看 means 一定要看.

五、语法 Grammar

1. 结果补语 The complement of result

说明动作结果的补语叫结果补语。结果补语由动词或形容词充任。结果补语和动词结合得很紧，在句中很象一个词。如果有动态助词"了"或宾语，必须放在结果补语后边。例如：

A resultative complement can be formed by a verb or an adjective. It is so closely connected with the foregoing verb or adjective, that the verb-complement construction might almost be regarded as a single word. The aspectual particle 了 or object, if there is any in the sentence, must be put after the resultative complement, e.g.

他的话我都听懂了。

你写完这些汉字了吗？

我一定要学好汉语。

因为有了结果的动作一般总是完成了的，所以带结果补语的句子否定式一般也用"没（有）"。表示尚未完成时，也可以用"还没（有）…呢"。例如：

还没（有）may be used in a negative sentence with a resultative complement. A sentence of this kind often has a verb indicating a completed action. The structure 没（有）…呢 may be used if the action has not yet been performed or completed, e.g.

昨天你看见汉斯了没有？

——我没看见。

这本小说你看完没看完？

——没看完。

2. "到"作结果补语　到 as a resultative complement
"到"作结果补语，可以表示人或事物通过动作达到某地点，可以表示动作持续到某时间，也可以表示某动作达到了目的。例如：

到 used as a resultative complement indicates that somebody or something has reached a certain place through the action indicated by the main verb, or an action has continued until a certain point in time, or that an action has attained its goal, e.g.

哈利上个月去上海旅行，昨天回到了北京。

我们学到下午四点，四点以后去打球。

我买到那本小说了。

3. "上"作结果补语　上 as a resultative complement
"上"作结果补语，表示动作完成后产生合拢、达到目的等结果，有时也表示存在或添加于某处的意思。例如：

上 used as a resultative complement indicates that the completion of an action has produced a certain result such as the connection of two things or the attainment of a purpose. Sometimes it indicates existence or the addition of sth. to sth. else, e.g.

他关上门，打开了电视机。

请你在这儿写上你的名字。

六、练习　Exercises

1. 把下列陈述句改为疑问句，并用否定式回答：
   Change the following statements into questions, and give negative answers:

例　Example:

他作完练习了。

他作完练习了没有？

他没作完练习。

（1）他听懂这个故事了。

（2）他们参观完工业展览会了。

（3）收音机里广播完天气预报了。

（4）我看清楚那些汉字了。

（5）哈利关上窗户了。

（6）我听见他说的话了。

（7）去上海旅行的同学已经回到学校了。

（8）老师问的问题她回答对了。

2. 用A组词作动词，B组词作结果补语，可以搭配出哪些动补结构的词组？

Make as many verb + resultative complement constructions as you can, using the words in group A as main verbs and those in group B as resultative complements:

A：看　听　写　念　说

B：完　懂　见　错　清楚

3. 根据课文回答问题：

Answer the following questions according to the text:

（1）吃完晚饭你去哪儿了？

（2）你打开收音机想听什么？

（3）收音机里广播的是什么？

（4）你们能听懂吗？

（5）汉斯常听广播吗？他常听什么广播？

（6）天气预报说，明天天气怎么样？

（7）你们说话的时候谁在外边叫你？

（8）丁文找你有什么事？

（9）你们都去看电视了吗？电视里是

什么节目？

4. 给下面的短文填上恰当的结果补语：
Put a suitable resultative complement in each of the blanks:

昨天下午我去工人体育场看球赛了。回____学校，在宿舍楼前边看____了丁力。丁力对我说：

"你去哪儿了？马丁给你来电话了，我没找____你。"

"我去看球了。马丁回北京了吗？他说什么了？"

"他说晚上再给你打电话。"

"谢谢你。"

吃____晚饭，马丁来电话了，他说：

"我昨天从上海回____北京了。两个星期没看____你，很想去你那儿玩儿。这个星期日你有事吗？"

"没事，你几点钟来？"

"我早上八点骑自行车从学校出发，八点二十就可以骑____。你的房间是八楼二一四号，我没说＿＿＿吧？"

"不对，不是二一四号，是二一二号，听＿＿＿了吗？八楼二一二号，别找＿＿＿了房间。"

"好，听＿＿＿了，不会找＿＿＿。再见！"

"再见！"

汉字表 Table of Chinese Characters

1	完	宀	
		元	
2	懂	忄	
		董	艹
			重(一 亠 亍 盲 盲 盲 重 重 重)
3	故	古	
		攵	
4	事	一 亅 亍 亓 亘 写 写 事	
5	播	扌	

		番	
6	目		
7	科	禾	
		斗（丶 丶 二 斗）	
8	刚	冈	剛
		刂	
9	唱	口	
		昌	
10	歌	哥	
		欠	
11	队	阝	隊
		人	
12	关		關
13	窗	穴	
		囱	
14	户		
15	收	丩（丶 丩）	
		攵	

16	乐	一 仁 岙 乐 乐	樂
17	气		氣
18	晴	日	
		青	
19	温	氵	
		昷（日 昷）	
20	度	广	
		艾（一 ヤ 艹 艹 芐 艾）	
21	美	羊（丷 丷 兰 羊 羊）	
		大	

第二十八课　Lesson 28

现在是秋天了。
中秋节快要到了。

一、替换练习　**Substitution Drills**

1. 他以前是<u>学生</u>，现在是<u>老师</u>了。

售货员，	干部
农民，	工人
护士，	大夫

2. 现在是<u>秋天</u>了，天气<u>不热</u>了。

夏天，	热
春天，	暖和
冬天，	冷
秋天，	凉快

67

3. 刚才下雨，现在不下了。

> 下雪，不下
> 刮风，不刮
> 很热，凉快

4. 六点半了，该起床了。

> 八点半，上课
> 四点半，去锻炼
> 六点，　吃晚饭
> 十点半，睡觉

5. 春天了，去公园的人多了，

> 外边，不冷
> 天气，暖和
> 早上锻炼的人，多

6. 快走，要下雨了。

> 刮风　上课
> 开车

7. 来北京以前他<u>学习英语</u>，来北京以后他<u>学习汉语</u>了。

> 不爱锻炼，　爱锻炼
> 常常感冒，　不感冒
> 身体不好，　身体好

二、课文　Text

北　京　的　四　季

一年有四个季节：春天、夏天、秋天、冬天。

北京从三月到五月是春天，六月到八月是夏天，九月到十一月是秋天，十二月到二月是冬天。

到了春天，天气暖和了，人们都喜欢

去公园玩儿。夏天天气热。七、八月常常

下雨。北京的冬天很冷，常常刮风，不常
下雪。秋天天气最好，不冷也不热，不刮
风也很少下雨。

现在是秋天了，国庆节和中秋节都快要到了。每年的公历十月一日是中国国庆节，农历八月十五是中秋节。这两个节常常离得很近。大家都说，中秋节的月亮最圆，最好看。中秋节晚上，全家人在一起，一边吃月饼，一边赏月。

三、生词 New Words

1. 以前　　（名）　　yǐqián　　before
2. 干部　　（名）　　gànbù　　cadre
3. 农民　　（名）　　nóngmín　　peasant
4. 护士　　（名）　　hùshi　　nurse
5. 热　　　（形）　　rè　　hot
6. 秋天　　（名）　　qiūtiān　　autumn
7. 春天　　（名）　　chūntiān　　spring
8. 暖和　　（形）　　nuǎnhuo　　warm
9. 冷　　　（形）　　lěng　　cold
10. 凉快　　（形）　　liángkuai　　cool
11. 下（雨）　　　　xià(yǔ)　　(of rain, etc.) to fall
12. 雨　　　（名）　　yǔ　　rain
13. 雪　　　（名）　　xuě　　snow
14. 刮（风）　（动）　guā(fēng)　　to blow
15. 风　　　（名）　　fēng　　wind
16. 该　　（能动）　　gāi　　ought to, should
17. 要…了　　　　　yào…le　　will
18. 以后　　（名）　　yǐhòu　　later on, in the future

19.	爱	（动）	ài	to like, to love
20.	季	（名）	jì	season
21.	季节	（名）	jìjié	season
22.	国庆（节）	（名）	Guóqìng(jié)	National Day
23.	中秋（节）	（名）	Zhōngqiū(jié)	Mid-Autumn Festival
24.	节	（名）	jié	festival
25.	公历	（名）	gōnglì	the Gregorian calendar
26.	农历	（名）	nónglì	the Chinese lunar calendar
27.	大家	（代）	dàjiā	everybody
28.	月亮	（名）	yuèliang	moon
29.	圆	（名）	yuán	round
30.	全	（形、副）	quán	whole
31.	一边……一边……		yìbiān…yìbiān	*indicates concurrent actions*
32.	月饼	（名）	yuèbing	moon cake
33.	赏月		shǎngyuè	to enjoy looking at the moon

补充生词　Additional Words

1. 凉　　　（形）　liáng　　　cool
2. 云　　　（名）　yún　　　cloud
3. 太阳　　（名）　tàiyang　　sun
4. 星　　　（名）　xīng　　　star
5. 天空　　（名）　tiāngkōng　sky

四、注释　Note

① "以前"和"以后"　以前 and 以后

"以前"和"以后"用来表示时间，可以单独用，也可以用在动词或动词短语之后。如："以前他在广州学习。" "吃晚饭以前他不在宿舍，我吃完晚饭以后再去找他。"

Both 以前 and 以后 can be used alone or after a verb or verbal phrase to indicate time, e.g. 以前他在广州学习；吃晚饭以前他不在宿舍，我吃完晚饭以后再去找他.

五、语法　Grammar

1. 语气助词 "了"（二）　The modal particle 了(2)

语气助词 "了" 的第二个用法，是用在句尾，表示一种新情况的出现。例如：

The second usage of the modal particle 了 is to show that a new situation has appeared, e.g.

他以前是工人，现在是大学生了。

74

现在是冬天了，天气冷了。

他要去看朋友，不跟我们去看电影
了。

2. "要…了"格式　The construction 要…了

如果要表示一个动作或情况很快就要发生，就用"要…了"
这个格式。"要"表示将要，"了"是语气助词。例如：

The 要…了 construction is used to indicate that
something is about to happen. Here 要 indicates futurity and
了 is a modal particle, e.g.

汽车要开了。

冬天要到了。

"要"前还可以加上"就"或"快"，构成"就要…了"
"快要…了"，表示时间紧迫。例如：

要 may be preceded by 就 or 快. 就要…了 or 快要…了
means that something will happen very soon.

冬天就要到了。

天气快要冷了。

"就要…了""快要…了"也可以省为"就…了""快…
了"。"就要…了"前面可以加表示时间的词语，"快要…了"
不能。例如：

就要…了 and 快要…了 may be simplified as 就…了 and
快…了. 就要…了 can be preceded by a time phrase, but 快要
…了 cannot, e.g.

火车五点钟就要开了。

我们明天就要学习第二十九课了。

六、练习 Exercises

1. 用"就要…了"、"快要…了"、"快…了"改写句子：
   Rewrite the following sentences with 就要…了，快要…了 or 快…了：

   例 Example:

   > 排球赛四点半开始了，现在是四点二十，我们该去操场了。
   >
   > 排球赛就要开始了，我们该去操场了。
   >
   > 排球赛快要开始了，我们该去操场了。
   >
   > 排球赛快开始了，我们该去操场了。

   （1）还有两天就是中秋节了，该去买月饼了。

   （2）汽车两点半开，现在已经两点二十五了，我们快点儿跑。

（3）现在已经是十月下半月了，你该去买冬天穿的衣服了。

（4）这本书一共二十五课，他们已经学到第二十三课了。

（5）六点钟吃晚饭，现在已经五点三刻了，我不跟你去打乒乓球了。

（6）一月二十五号开始放假，今天是一月二十三号，放假以后你想作什么？

（7）音乐节目七点开始，现在已经六点五十九分了，快打开收音机吧！

（8）从上海来的火车两点半到，现在已经两点十分了，我们快进站吧！

2. 根据下面句子上下文的意思，翻译列出的词：

Translate the listed words according to their contexts:

（1）今天是五号，小王前天，也就是三号就到北京了。

（2）今天是农历八月十三，后天就是中秋节了。

（3）今天星期三，明天星期四，后天星期五，大后天星期六下午，我们去公园玩儿。

（4）今天是九号，昨天八号，前天七号，大前天是六号，那天我在家，没有进城。

（5）今年是1988年，去年是1987年，前年是1986年。

（6）这个星期上完课，下星期再上一个星期，下下星期开始放假。

前天

大前天

后天

大后天

前年

下星期

下下星期

3. 根据课文回答问题：

Answer the questions according to the text:

(1) 北京一年有哪几个季节？

(2) 北京的春天是从几月到几月？天气暖和不暖和？人们喜欢去哪儿玩儿？

(3) 北京从几月到几月是夏天？夏天天气怎么样？

(4) 北京从几月到几月是秋天？秋天天气好吗？

(5) 北京从几月到几月是冬天？冬天天气冷不冷？刮不刮风？下不下雪？

(6) 现在北京是什么季节？

(7) 中国的国庆节是几月几号？

(8) 农历八月十五是什么节？

(9) 中国的国庆节和中秋节离得远吗？

(10) 中国人怎么样过（guò celebrate）中

79

秋节？

4. 根据实际情况回答问题：

Give your own answers to the questions：

（1）请介绍你们城市的天气。

（2）请介绍你们国家的一个节日，你们怎么过这个节日？

汉字表　Table of Chinese Characters

1	护	扌		護
		户		
2	士			
3	秋	禾		
		火		
4	春	夫（ˉ ＝ 三 声 夫）		
		日		
5	暖	日		
		爱（ˊ ˋ ˊ ˊ ˊ 爫 爫 爫 鸟 芳 爱）		
6	冷	冫		

		令	
7	凉	冫	
		京	
8	雨		
9	雪	雨	
		ㅋ（フ ㅋ ㅋ）	
10	刮	舌	颳
		刂	
11	风	丿几凡风	風
12	该	讠	該
		丶亠亠亥亥亥	
13	爱	丿爫爫爫爫爫爫爪爱	愛
	季	禾（丿二千禾禾）	
		子	
14	庆	广	慶
		大	
15	历	厂	歷
		力	
16	亮	丶亠古亠亨亮	

81

17	全	人		
		王		
18	饼	饣		餅
		并		
19	赏	尚		賞
		贝		

第二十九课　　Lesson　29

哈利进来了。

他回宿舍去了。

他带来了一些水果。

一、替换练习　Substitution Drills

1. 我在宿舍看书的时候，哈利进来了。

教室	屋子里
阅览室	图书馆

2. （马丁和汉斯都在外边，马丁问汉斯：）哈利在宿舍吗？

　　——在。他刚进去。

食堂	礼堂
电影室	乒乓球室

3. 这儿好看极了，你快上来吧。

下	出
进	过

4. 马丁在吗？

他刚走，回宿舍去了。

进，	城
到，	长城
上，	楼
下，	楼
到，	对面屋子

5. 汉斯在你们这儿吗？

不在，他没到我们这儿来。

宿舍	房间
教室	家

6. 安娜去长城了吗？
   去长城了。
   她带照相机了吗？
   带去了。

面包	水果
毛衣	吃的

7. 玛丽从商店买来一件衣服。

图书馆，	借，	一本小说
家里，	带，	一些画片
小卖部，	买，	一些水果

二、课文 Text

去 长 城

来中国以后，我早就想到长城去玩儿，一个星期天的早上，我起床以后，刚刷完牙，洗完脸，哈利从外边进来了。他说："学校有汽车去长城。今天天气不错，我们到长城去玩吧！"汉斯问："现在去，什么时候能回来？""下午四五点钟就能回来。"

八点钟，我们出发了。汽车开得很快，一个半小时以后，开始爬山了。汽车一会儿上去，一会儿下来，我们坐在汽车里往外看，路两边有山，有树，非常好看。

到了长城下边，汉斯说："长城真高！我们上去吧①，看谁第一个爬到最上边。""好吧②！"说完，我们一起往上爬。哈利最先爬到顶上。他站在那儿大声喊:"你们快上来,这儿好看极了。"我们说:"马上就上去。"

我们到了上边,汉斯说:"你们看啊,对面也很不错,我们过去吧。""等一会儿,我们先在这儿照几张相。""啊,"哈利说,"我的照相机忘在汽车上了,没带来。"

三、生词 New Words

1. 刚 (副) gāng just (now)
2. 极了 jíle extremely
3. 吧 (助) ba *a modal particle*
4. 出 (动) chū to go out
5. 过 (动) guò to pass by
6. 长城 (专) Chángchéng the Great Wall
7. 对面 (名) duìmiàn opposite
8. 带 (动) dài to take, bring along
9. 照相机 (名) zhàoxiàngjī camera
10. 面包 (名) miànbāo bread

87

11.	玛丽	（专）	Mǎlì	Mary
12.	刷（牙）	（动）	shuā(yá)	to brush (teeth)
13.	牙	（名）	yá	tooth
14.	洗（脸）	（动）	xǐ(liǎn)	wash (face)
15.	脸	（名）	liǎn	face
16.	小时	（名）	xiǎoshí	hour
17.	爬	（动）	pá	to climb
18.	山	（名）	shān	hill, mountain
19.	一会儿	（名）	yíhuìr	a moment
20.	往	（介）	wǎng	to, toward
21.	外	（名）	wài	outside
22.	路	（名）	lù	road, way
23.	边	（名）	biān	side
24.	树	（名）	shù	tree
25.	非常	（副）	fēicháng	extremely
26.	真	（形）	zhēn	real
27.	顶	（名）	dǐng	top
28.	站	（动）	zhàn	to stand
29.	大声	（名）	dàshēng	loud voice
30.	喊	（动）	hǎn	to shout
31.	马上	（副）	mǎshàng	at once

32.	啊	（叹）	à	*a modal particle*
33.	照（相）	（动）	zhào(xiàng)	to take (a photo)
34.	相	（名）	xiàng	photograph
35.	忘	（动）	wàng	to forget

补充生词　Additional Words

1.	眼睛	（名）	yǎnjing	eye
2.	眉毛	（名）	méimao	eyebrow
3.	鼻子	（名）	bízi	nose
4.	嘴	（名）	zuǐ	mouth
5.	耳朵	（名）	ěrduo	ear

四、注释　Notes

① 语气助词"吧"　The modal particle 吧

"吧"用在句尾，可以表示请求、命令、商量等语气。

The modal particle 吧 used at the end of a sentence indicates request, command, suggestion, etc.

② "好吧"

"好吧"表示答应、同意对方的请求或建议。

好吧　indicates agreement.

五、语法　Grammar

1. 简单趋向补语　The simple directional complement

动词"来"和"去"放在其他动词后边作补语，表示趋向，叫简单趋向补语。如果动作是朝着说话人进行的，就用"来"，如果是朝着相反方向进行的，就用"去"。例如：

The verbs 来 and 去 may be put after another verb as a simple directional complement. 来 indicates movement towards the speaker, and 去 indicates movement away from the speaker, e.g.

你们都进来吧。 （说话人在里边）

他不在家，他出去了。（说话人在家里）

2. 简单趋向补语与宾语的位置 The position of the simple directional complement and the object

如果动词有宾语，宾语是表示处所的词或词组，要放在动词和"来""去"之间。例如：

If the verb takes as its object a word or phrase indicating place, the object should be put between the verb and the complement 来 or 去, e.g.

下午我到图书馆去。

明天他要到我家来。

如果宾语不是表示处所的词或词组，既可以放在动词和"来""去"之间，也可以放在"来""去"之后。例如：

If the object is not a word or phrase indicating place, the object may be put either between the verb and the complement 来 or 去, or after the complement, e.g.

90

他要带一些水果去。

他要带去一些水果。

这种句子的动词如果带动态助词"了","了"的位置如下：

If the aspectual particle 了 is used in a sentence with a directional complement, it may be put in the following positions:

他带了一些水果去。

他带去了一些水果。

3. "在"作结果补语　在 as a resultative complement

动词"在"作结果补语，表示人或事物通过动作停留于某处。例如：

The verb 在 used as a resultative complement indicates that sb. or sth. comes to rest at a certain place by means of the action indicated by the main verb, e.g.

上课的时候，他坐在前边。

我的照相机放在汽车上了。

六、练习　Exercises

1. 用上括号里的词语并加"来"或"去"完成句子：
Complete the following sentences, using the words in parentheses plus 来 or 去：

（1）　____，我去车站接他。（从上海

回）

（2）你找小王吗？ 他不在，＿＿。
（到长城）

（3）你去医院看小张吗？你给他＿＿。
（带 一些水果）

（4）昨天他进城了，＿＿。（买录音
机）

（5）＿＿，这两本书不太难，我们都
能看懂。（从图书馆 借）

（6）快上课了，＿＿。（进 教室）

（7）谢力的宿舍在楼上，刚才我看见
他＿＿。（上 楼）

2. 根据课文回答问题：
Answer the questions according to the text:

（1）来中国以后，你早就想到哪儿去
玩？

（2）星期日早上，哈利什么时候从外
边进来了？

（3）哈利从外边进来，对你们说什

么？

（4）　哈利说，早上去长城什么时候能回来？

（5）　他们几点从学校出发了？

（6）　汽车开得快不快？

（7）　汽车什么时候开始爬山？

（8）　你们坐在汽车里往外看，看见了什么？

（9）　到了长城，谁第一个爬到顶上？

（10）　你们在长城上照相了没有？为什么？

3. 用"来"或"去"填空，然后用所给的词语作问句：
Fill in the blanks with 来 or 去, and then ask questions on the text using the key of words given:

　　昨天下午三点半体育馆有球赛，我和哈利两点钟就出发到体育馆____了。

　　到了那儿，我们见到了很多以前的同学，高兴极了，没有马上进里边____。哈利从小卖部买____了一些水果和汽水。我

们一边吃一边谈话，三点二十我们才进
____。

看球赛的人很多。我和哈利没坐在一起。哈利坐在东边，我坐在他的对面。过了一会儿，排球队进____了。三点半比赛开始。两个队都打得不错。他们打到五点半才打完。

六点一刻，我和哈利回到了学校，回____以后，我们就到食堂____吃晚饭了。

(1)	跟谁	体育馆
(2)	几点	出发
(3)	为什么	马上进去
(4)	小卖部	买
(5)	什么时候	里边
(6)	比赛	开始
(7)	两个队	打
(8)	几点	回到

4. 用"来"或"去"填空并进行会话：
  Fill in the blanks with 来 or 去 and act out the dialogue:

A： 安娜，安娜！

B： 谁啊？进＿＿＿吧！玛丽，是你。
你起得真早，我刚刷完牙，洗完
脸。

A： 今天天气不错，我们到长城＿＿＿
玩儿吧。

B： 我早就想到长城＿＿＿玩儿，但是
长城离这儿很远，现在去，下午
能回＿＿＿吗？

A： 坐火车去，下午六点半一定能回
＿＿＿。

B： 好，走吧！我们不能回＿＿＿吃午
饭，带一些吃的东西＿＿＿吧！

A： 还应该带一些水果＿＿＿。

B： 对，我想带照相机＿＿＿。在长城
顶上照几张相，一定很好看。

A： 来中国以前，我朋友告诉我，回
国的时候一定给他带一些长城的
照片＿＿＿。这一次我们一定多照

一些。

B： 好，我现在就到食堂____，买完
东西就出发。

汉字表　**Table of Chinese Characters**

1	极	木	極
		及（丿乃及）	
2	吧	口	
		巴	
3	过	寸	過
		辶	
4	长		長
5	面	一丆丆丙而而面面面	
6	带	一十卅卅卅卅带带带	帶
7	照	昭（日昭昭）	
		灬	
8	相	木	
		目	
9	包	勹	

		巳	
10	玛	王	瑪
		马	
11	丽	丽	麗
12	刷	刷（尸吊）	
		刂	
13	牙	一 二 于 牙	
14	洗	氵	
		先	
15	脸	月	臉
		金（丿 人 仒 仐 今 命 金）	
16	爬	爪（一 厂 爪 爪）	
		巴	
17	山	丨 山 山	
18	往	彳	
		主	
19	路	𤴓	
		各（夂 各）	

20	树	木	樹
		又	
		寸	
21	非	丨 丿 刂 刲 非 非 非	
22	顶	丁	頂
		页	
23	声	一 十 士 吉 声 吉 声	聲
24	喊	口	
		咸	
25	啊	口	
		阿（阝 阿）	
26	忘	亡（丶 亠 亡）	
		心	

98

第三十课　Lesson　30

这本小说很有意思，你可以看看。
来中国以后，我去过两次长城。
你介绍一下那儿的情况吧。

一、替换练习　Substitution Drills

1. 这本书有意思吗？

    很有意思，你可以看看。

这个电影，	看
这个广播节目，	听
打乒乓球，	学
爬山，	试

他身体不太好，应该检查检查。

休息　运动　锻练

2. 这个字你会写吗？

会写，这个字我们学过。

这个歌，	唱
这课课文，	翻译
这个生词，	念

来中国以前，你学过汉语吗？

没有，来中国以前我没学过汉语。

看，	中国电影
听，	中国广播
吃，	中国饭

3. 来中国以后，你去过长城没有？

去过。

去过几次长城？

去过两次。

去，	北海公园
参观，	工厂
看，	展览
去，	农村

4. 你在这儿等一下，我马上就回来。

坐，	休息

我们都没去过那儿，你介绍一下那儿的情况吧。

谈	说	告诉我们

5. 今天的生词我要再写一遍。

课文，	念
录音，	听
语法，	复习

二、课文 Text

一张药方

（小话剧）

学生B找大夫A看病

A：你怎么了？哪儿疼？

B：不觉得疼，只觉得不舒服。

A：哪儿不舒服？

B：头、肚子、腿……我也不知道。

A：你到医务室来过吗？

B：来过，上星期来过一次。

A：大夫给你开过药吗？

B：开过一些药片，一天三次，每次一片。吃了药还不行①。

A：以前你得过什么病？

B：得过感冒，没得过别的病。

A：发烧吗？试试表吧。

B：我在宿舍试过了，三十六度五
（36.5°c），不发烧。

A：我给你检查一下儿。这儿疼吗？

B：不疼。

A：这儿疼吗？

B：也不疼。

A：吃东西怎么样？

B：喜欢吃的，就吃得多，不爱吃的，
就吃得少。

A：睡觉怎么样？

B：有时候睡得好，有时候睡得不好。

A：晚上几点睡？

B：有时候九点，有时候十二点半。

A：早上几点起床？

B：有时候五点，有时候八点。

A：下午锻炼身体吗？

B： 以前锻炼过，现在冷了，不愿意出
去了。

A： 我给你开张药方。你按药方去作，
就可以治好自己的病。（大夫开药方）

好，你念念吧。

B： 你的病，不太重，
打针、吃药都没用；
按时睡觉按时起，
早上、下午多运动。

三、生词　New Words

1. 试（表）	（动）	shì (biǎo)	to take (a temperature)
2. 应该	（能动）	yīnggāi	should
3. 检查	（动）	jiǎnchá	to examine, to check up
4. 运动	（动）	yùndòng	to take exercise
5. 过	（助）	guo	*an aspectual particle*
6. 农村	（名）	nóngcūn	countryside

104

7. 下儿	（量）	xiàr	*a verbal measure word*, time
8. 遍	（量）	biàn	*a verbal measure word*, time
9. 药方	（名）	yàofāng	prescription
10. 话剧	（名）	huàjù	play
11. 看病		kànbìng	getting medical consultation
12. 怎么	（代）	zěnme	how
13. 肚子	（名）	dùzi	stomach, belly
14. 腿	（名）	tuǐ	leg
15. 知道	（动）	zhīdao	to know
16. 医务室	（名）	yīwùshì	infirmary, clinic
17. 开药		kāi yào	to write out a prescription
18. 药片	（名）	yàopiàn	medicinal tablet
19. 片	（量）	piàn	tablet
20. 行	（形）	xíng	right
21. 得（病）	（动）	dé(bìng)	to contract (a disease)
22. 表	（名）	biǎo	clinical thermometer
23. 愿意	（能动）	yuànyì	willing
24. 按	（介）	àn	in accordance with

25. 治	（动）	zhì	to cure, to treat (a disease)
26. 自己	（代）	zìjǐ	self
27. 重	（形）	zhòng	serious, heavy
28. 打针		dǎ zhēn	to give (have) an injection
29. 没用		méiyòng	useless
30. 按时		ànshí	in time

补充生词　Additional Words

1. 脖子	（名）	bózi	neck
2. 胸	（名）	xiōng	chest
3. 腰	（名）	yāo	waist
4. 脚	（名）	jiǎo	foot
5. 体温表	（名）	tǐwēnbiǎo	clinical thermometer
6. 药水	（名）	yàoshuǐ	liquid medicine

四、注释　Note

① "不行"

形容词 "行" 有 "可以" 的意思，"不行" 常用的意思是 "不可以"。这里 "不行" 是 "不好" 的意思。

The adjective 行 means 可以，so 不行 means 不可以.

Here 不行 means 不好.

五、语法 Grammar

1. 动词重叠 The duplication of verbs

有一部分动词可以重叠，动词重叠表示动作经历的时间短、轻松或尝试等意义。双音节动词重叠时，以词为单位即按ＡＢＡＢ的方式重叠。单音节动词重叠，中间可以加"一"，如有动态助词"了"，"了"放在重叠的动词中间。例如：

Some verbs may be duplicated to show a brief, casual or repeated action, or to express the idea of giving sth. a try. The duplicated formula of a disyllabic verb is ABAB. As for a monosyllabic verb, 一 or the aspectual particle 了, if there is any, may be placed between the verbs to be repeated, e.g.

这课的生词很多，我要多复习复习。

这本小说很有意思，你可以看看。

这篇课文请你念一念。

他给我们说了说上海的情况。

2. 动态助词"过" The aspectual particle 过

动态助词"过"表示某种动作曾在过去发生，重点是说明有过这种经历。例如：

The aspectual particle 过 is used to indicate that something has happened or has been experienced at some time in the past, e.g.

这本小说我看过。

我们去过那个公园。

否定式用"没（有）…过"。例如：

Its negative form is constructed by placing 没（有）before the main verb of the sentence, e.g.

他没（有）去过长城。

那本小说我没看过。

正反疑问式是：

Its affirmative-negative form is:

那个地方你去过没有？

那个电影你看过没有？

3. 动量词"次""遍""下儿"　The verbal measure words 次，遍，下儿

动量词表示动作行为的量。动量词和数词结合，用在动词的后边作动量补语。"次"是一个常用的动量词。例如：

A numeral and a verbal measure word may be used together after a verb as a complement of frequency. 次 is a commonly used verbal measure word indicating the number of times an action takes place, e.g.

上星期他来过两次。

那个展览我们参观过一次。

动词的宾语如果是名词，动量补语一般放在宾语之前；如果宾语是代词，动量补语一般放在宾语之后。例如：

When the object of the verb is a noun, the complement of

frequency is usually placed before the object; when the object is a pronoun , the complement of frequency is usually placed after the   object.

上个月我检查过一次身体。

这个问题我问过他一次。

"遍"和"次"的用法一样，但"遍"强调一个动作从开始到结束的全过程。例如：

遍   can be used in the same way as 次, but 遍 emphasizes the course of an action from the beginning to the end. e.g.

那本小说他看过三遍。

请你再说一遍。

"下儿" 可以表示具体的动量，如"他敲 (qiāo knock) 了三下儿门"。"下儿"也可以和"一"连用，表示动作经历的时间短，和动词重叠的作用相当。例如：

下儿 is a verbal measure word referring to the number of times an action takes place, e.g. 他敲 (qiāo, knock) 了三下儿门. 下儿 used together with 一 indicates that an action lasts for only a short time, and has a comparable function similar to the duplicated verb, e.g.

请你介绍一下儿学校的情况。

你在这儿等一下儿，他马上就来。

六、练习　Exercises

1. 选择下列动词的重叠式填入句子空格中：
   Fill in the blanks with the duplicated form of the following verbs:

   看　　　洗　　　试　　　听　　　买
   提　　　唱　　　介绍　　　休息
   检查　　　玩儿　　　翻译

   (1) 他可能发烧了，给他＿＿＿表吧。
   (2) 星期日我想去公园＿＿＿。
   (3) 我腿疼，我要到医务室去＿＿＿。
   (4) 你的腿没病，＿＿＿就好了，不用打针吃药。
   (5) 看完展览请大家＿＿＿意见。
   (6) 星期六下午，我有时候＿＿＿音乐，有时候＿＿＿衣服，有时候上街＿＿＿东西。
   (7) 大家都说这个话剧好，我一定要＿＿＿。
   (8) 你去过农村，你能不能给我们＿＿＿那儿的情况？

110

(9) 这个歌你学过，你能不能给我们
____？

(10) 这个故事很难懂，你给我们____
吧。

2. 回答下列问句，用上括号里的词：
Answer the questions using the words in parentheses:

(1) 你参观过这个城市的博物馆吗？
（一次）

(2) 这本小说你看过吗？（两遍）

(3) 来中国以前你学过中国歌吗？（三
个）

(4) 你今年检查过身体吗？（一次）

(5) 城里的友谊商店你去过吗？（三
次）

(6) 你在学校旁边的饭馆吃过饭吗？
（四次）

3. 用"次"或"遍"填空：
Fill in the blanks with 次 or 遍：

(1) 那个城市很不错，我去过两____。

(2) 这个故事很有意思，我想再听一

111

_____。

（3） 我听了三＿＿录音，还没听懂。

（4） 以前我没去过长城，这是第一
＿＿。

（5） 来中国以后我去过一＿＿农村，这
是第二＿＿。

（6） 作完练习应该检查一＿＿。

（7） 红药片每天吃三＿＿，每＿＿吃两
片。白药片每天吃一＿＿，每＿＿
吃一片，睡觉以前吃，不要吃错
了。

（8） 大夫，我没听清楚，您再说一＿＿，
好吗？

4． **根据课文回答问题：**

Answer the questions according to the text:

（1） 那个学生为什么去医务室？

（2） 他以前去过医务室吗？

（3） 大夫给他开过药吗？

（4） 他吃了药以后怎么样？

（5） 以前他得过什么病？

（6） 他试过表吗？发烧吗？

（7） 大夫给他检查了没有？

（8） 大夫问了他一些什么问题？

（9） 大夫给他开药方了没有？

（10） 药方上写的什么？

汉字表　Table of Chinese Characters

1	试	讠	試
		式（一 二 三 式 式）	
2	应	应（ 丶 一 广 广 应 应 ）	應
3	检	木	檢
		金	
4	查	木	
		日	
		一	
5	运	云	運
		辶	
6	动	云	動
		力	

7	村	木	
		寸	
8	遍	扁（ `丶丶亠户户户户扁扁 ）	
		辶	
9	肚	月	
		土	
10	腿	月	
		退｜艮	
		｜辶	
11	知	矢	
		口	
12	道	首（ `丶丷丷丷兯首首首 ）	
		辶	
13	务	夂	務
		力	
14	表	一二卡圭耂耂表表	
15	愿	原（ 一厂厂厂厂厅原原 ）	願
		心	

114

16	按	扌	
		安	
17	治	氵	
		台	
18	巳		
19	重		
20	针	钅	針
		十	

第三十一课 Lesson 31

中国朋友请我们去公园。

这些学生正在上课（呢）。

1. 大夫让（叫）你作什么？

   大夫让（叫）我休息。

试表	吃药
打针	多运动

2. 这些学生正在作什么？

   这些学生正在上课。

听广播	看电视
打排球	唱歌
准备节目	

116

3. 他们在看杂技吗？

他们没看杂技，他们看歌舞呢。

唱歌，	跳舞
看节目，	表演节目
开会，	一起谈话
学习，	玩儿

4. 你们到颐和园门口的时候，小朋友们正在作什么呢？

我们到颐和园门口的时候，他们正在放鞭炮呢。

唱歌	表演节目
照相	一起玩儿

5. 我正在看报的时候，丁文来了。

吃饭	打球	看小说	听音乐

春 节

春节是农历的新年，是中国最大的传统节日。初三① 这一天，中国朋友请我们去颐和园玩儿。

进了公园大门，看见很多小朋友，有的正在放鞭炮，有的在唱歌、跳舞，他们玩儿得高兴极了。

那天人们都放假，公园里人多极了，有工人、农民、解放军、干部②，也有很多老师和学生。他们有的在看杂技，有的

118

在听音乐，有的在一起说笑，还有的在一起吃东西。

中国朋友让我们到公园北边去看看。那儿一些农民正在表演节目。他们有的在玩龙灯，有的在跳"狮子舞"。演员们一边跳，一边喊，表演得好极了。演完，大家都热烈鼓掌，欢迎他们再演一个。

我们正在看节目的时候，听见旁边有人鼓掌。中国朋友告诉我们，那边一些运动员正在表演武术呢。

这一天，我们跟中国朋友一起，过得特别愉快。

三、生词　New Words

1. 让　　（动）ràng　　　　to let
2. 正　　（副）zhèng　　　*an adverb indicating an action in progress*
3. 在　　（副）zài　　　　same as　正
4. 准备　（动）zhǔnbèi　　to prepare
5. 杂技　（名）zájì　　　　acrobatics
6. 歌舞　（名）gēwǔ　　　song and dance
7. 跳舞　　　　tiào wǔ　　dance
8. 表演　（动）biǎoyǎn　　to perform
9. 开会　　　　kāi huì　　to have a meeting
10. 门口　（名）ménkǒu　　doorway
11. 放　　（动）fàng　　　to let off
12. 鞭炮　（名）biānpào　　firecrackers
13. 春节　（名）Chūnjié　　Spring Festival
14. 新年　（名）xīnnián　　New Year
15. 传统　（名）chuántǒng　tradition

120

16.	节日	（名）	jiérì	festival
17.	初	（头）	chū	*prefix for the first ten days of the lunar month*
18.	请	（动）	qǐng	to invite
19.	大门	（名）	dàmén	gate
20.	有的	（代）	yǒude	some
21.	解放军	（名）	jiěfàngjūn	liberation army, the PLA
22.	笑	（动）	xiào	to laugh, to smile
23.	龙灯	（名）	lóngdēng	dragon lantern
24.	狮子舞	（名）	shīziwǔ	lion dance
25.	演员	（名）	yǎnyuán	actor, actress
26.	演	（动）	yǎn	to perform
27.	热烈	（形）	rèliè	warm
28.	鼓掌	（动）	gǔzhǎng	to applaud
29.	欢迎	（名）	huāngyíng	to welcome
30.	运动员	（名）	yùndòngyuan	athlete, sportsman
31.	武术	（名）	wǔshù	*wushu*, martial arts (general term for various kinds of Chinese traditional shadow boxing and fencing)

121

32.	特别	（形）	tèbié	special
33.	愉快	（形）	yúkuài	happy

补充生词　Additional Words

1.	独唱	（动）	dúchàng	sing a solo
2.	合唱	（动）	héchàng	sing in chorus
3.	烟火	（名）	yānhuǒ	fireworks
4.	贺年片	（名）	hèniánpiàn	New Year's card
5.	电灯	（名）	diàndēng	light

四、注释　Notes

① 词头"初"　The prefix 初

"初"用在数词1—10前头，可以表示农历每个月上旬的日期，公历一般不这样说。

The prefix 初 used before 1—10 indicates the first ten days of a month in the Chinese lunar calendar. It is not used this way with reference to the Gregorian calendar.

② "有"表示列举　有　indicating enumeration.

"有"用在并列的名词前表示列举。如："参加大会的有学生、工人、农民、干部等。"

有 used before nouns indicates enumeration, listing, e.g.
参加大会的有学生，工人，农民，干部等．

122

五、语法　Grammar

1. 兼语句　The pivotal sentence

有一种动词谓语句，谓语是由两个动词短语构成的，前一个动词的宾语又是后一个动词的施事，这种句子叫兼语句。兼语句的前一个动词常常是带有使令意义的"请""让""叫"等。例如：

The pivotal sentence is one in which the object of the first predicate verb is at the same time the subject of the second predicate verb. The first predicate verb is often a causative verb as 请，让，叫 etc., e.g.

我请他来我家玩儿。

他让我在这儿等他。

老师叫我翻译课文。

2. 动作的进行　Action in progress

要表示一个动作正在进行，可在动词前加副词"正""在""正在"或在句尾加语气助词"呢"。"正""在""正在"也可以和"呢"同时用。例如：

To indicate action in progress, an adverb such as 正，在，or 正在 should be used before the verb, or the modal particle 呢 should be used at the end of a sentence. 正，在 or 正在 can also be used together with 呢 in this construction, e.g.

他们正找你呢。

同学们在上课呢。

他们跳舞呢。

123

王大夫正在给他看病呢。

否定式用"没（有）"。"没有"单独用时"有"不能省略。例如：

The negative form is constructed with 没(有).When 没有 is used alone in a negative reply, 有 cannot be omitted, e.g.

他们在跳舞吗？

——他们没跳舞，他们唱歌呢。

（没有，他们唱歌呢。）

一个进行的动作可以发生在现在,也可以发生在过去或将来。例如：

Progressive constructions may refer to a time either in the past, at the present or in the future, e.g.

昨天他来的时候，我正听音乐呢。

（过去 in the past ）

明天晚上你去找他，他一定在看电视。 （未来 in the future ）

六、练习　Exercises

1. 根据划线部分用疑问代词提问：

Ask questions on the underlined parts of the following sentences, using interrogative pronouns：

124

（1） 我们请哈利参加篮球比赛。

（2） 他请马丁从城里给他买一本新词典。

（3） 讲解员让我们给展览提意见。

（4） 汉斯叫我去北大（北京大学）看排球赛。

（5） 他想请张老师谈谈这个问题。

（6） 我们让丁文介绍一下上海的情况。

（7） 丁文的哥哥打了一个电报，他让丁文明天下午去火车站接他。

（8） 王大夫叫谢力去医院检查身体。

2. 把下面的词组扩展成句子(用上"…的时候，…正在…")：
Expand the following groups of phrases into sentences, using …的时候, or…正在…：

例 Example:

去宿舍　　　　复习课文
昨天我去他宿舍的时候，他正在复习课文。

（1） 去找他　　　　　开会

（2） 给他送杂技票　　　　准备节目

（3） 去小王家　　　　吃晚饭

（4） 来到公园南边　　　　表演武术

（5） 到宿舍　　　洗脸、刷牙

（6） 听音乐　　　跳舞

（7） 到公园门口　　　　放鞭炮

（8） 找他　　　打电话

（9） 下雨　　　到我这儿来

（10） 看歌舞节目　　　　叫我

3. 根据课文回答问题：

   Answer the questions according to the text:

   （1） 春节是中国的什么节日？

   （2） 初三那天中国朋友请你们去哪儿
       玩儿？

   （3） 进了公园大门，你们看见什么
       了？

   （4） 那天公园里的人多不多？他们正
       在作什么？

   （5） 请你说一说公园北边的情况。

（6） 你们正在看节目的时候，运动员
们正在表演什么？

4. 阅读短文后，给后面的句子画符号，对的画（＋），不对的
画（－）。
Read the passage, and then mark the following sentences
true or false, by using （＋）or（－）.

张新让小王初二到他家去玩儿。小王
只知道张新家在鼓楼大街，但是忘了多少
号。

到了鼓楼大街，小王开始一家一家地
问。他找到第一家，看见一个小朋友正在
门口放鞭炮，就问：

"小朋友，你家在这儿吗？"

"在这儿。"

"你有个哥哥叫张新吗？

"我没有哥哥，我有一个姐姐，她叫
王红。"

小王到第二家去问：

"请问，张新家是不是在这儿？他是
大学生，是我的同学。"

"这儿没有叫张新的，有一个张元，他不是学生，是个演员。他也不在家，出去了。"

小王到第三家去问的时候，这一家人正在看电视，电视里正在演狮子舞。他们说他们不知道张新这个人。

到了第四家，小王看见一个女同志正在洗衣服。这个女同志说，这是张新的家，张新是她弟弟。

(1) 小王找了四家才找到张新的家。
（　　　）

(2) 到第一家的时候，张新看见一个小朋友正在屋子里放鞭炮。
（　　　）

(3) 那个小朋友说，他有一个哥哥叫王红。（　　　）

(4) 到第二家的时候，一个叫张元的解放军正从里边出来。
（　　　）

（5）　第三家一家人正在看电视的时候，小王来了。这儿不是张新的家。（　　）

（6）　小王到第四家，正在洗衣服的女同志是张新的姐姐。（　　）

汉字表　**Table of Chinese Characters**

1	让	讠		讓
		上		
2	正	一 丁 丅 下 正 正		
3	准	冫		準
		隹		
4	备	夂		備
		田		
5	技	扌		
		支		
6	舞	无（ノ ヒ ニ 仁 红 缶 舞 舞 ）		
		舛	夕	

		牛		
7	跳	足		
		兆（ ノ イ イ 扎 兆 兆 ）		
8	演	氵		
		寅	宀	
			㐱（ 一 㐱 ）	
			八	
9	鞭	革（ 一 十 卄 廿 芦 苫 苩 莒 革 ）		
		便	亻	
			更（ 一 ㅜ 兯 冒 冒 更 更 ）	
10	炮	火		
		包		
11	传	亻		傳
		专（ 一 二 ㄎ 专 专 ）		
12	统	纟		統
		充（ 丶 一 亠 云 产 充 ）		
13	初	衤		
		刀		

130

14	请	讠		請
		青		
15	军	冖		軍
		车		
16	笑	竹		
		夭（丿二于夭）		
17	龙	一 十 九 龙 龙		龍
18	狮	犭（丿犭犭）		獅
		师		
19	烈	列	歹（一歹）	
			刂	
		灬		
20	鼓	壴	士	
			豆（一口口亨豆）	
		支		
21	灯	火		
		丁		
22	掌	尚		
		手		

131

23	迎	卬（ ノ レ ｀卩 卬 ）	
		辶	
24	武	一 二 三 干 干 正 正 武 武	
25	术	木 术	術
26	特	牛	
		寺	
27	愉	忄	
		俞 ｜ 人（ ノ 人 人 ）	
		｜ 刖（ 月 刖 ）	

第三十二课　Lesson 32

桌子上放着收音机。
墙上挂着七、八张照片。

一、替换练习　Substitution Drills

1. 桌子上放着什么?
   桌子上放着收音机。

衣柜上，	一只箱子
衣柜里，	一些衣服
桌子两边，	两把椅子
小桌上，	收录机

2. 窗户开着没有?
   窗户开着呢。

窗户没开着。

门 箱子 衣柜	收音机 录音机 电视机

3. 他们<u>坐</u>着<u>看报</u>。

站，看球赛
笑，谈话
走，去清华大学
跑，去操场

4. 孩子们<u>唱</u>着<u>歌</u>在路上走。

跳，舞，　　　欢迎客人
穿，新衣服，去公园
看，书，　　　回答问题

5. 墙上挂着什么？
墙上挂着<u>几张画儿</u>。

两、三，地图
十几，　　照片
四、五，画片

6. 这些屋子能住多少人？

这些屋子能住<u>五、六</u>十个人。

十五、六	几百
七十几	八十多

访问农民家庭

十多个外国朋友，访问了农民王国华的家。

王国华和他爱人去劳动了，他父亲和母亲在家。看见外国朋友来了，他们很高兴，握着客人们的手说："欢迎，欢迎！"

他们请客人到屋里坐。屋子的门和窗户都开着，屋子里很干净，也很整齐。

外边的屋子里，中间放着一张桌子。桌子两边有几把椅子，桌子上放着电视机。

里边是王国华和他爱人住的屋子。墙

135

上挂着几张画儿和七、八张照片。床的左边是桌子，右边是一个衣柜。桌子上放着收音机。床对面放着两只箱子。王国华的小女儿，穿着一件红毛衣，正坐在床上玩儿。她看见客人，立刻高兴地下床来，对客人们说："叔叔阿姨[①]好！"

王国华的爸爸给客人们介绍了一下儿他家的情况。他说："这几年大家生活好了，今年又是丰收。手里有了钱，盖了不少新房子，我们家的房子也是新盖的。现在大家都积极劳动，努力建设新农村。"

客人要走的时候，王国华的爸爸笑着

说："欢迎你们以后再来。"

三、生词　New Words

1. 放　　（动）　fàng　　　　to put, to place
2. 着　　（助）　zhe　　　　*an aspect particle*
3. 衣柜　（名）　yīguì　　　wardrobe
4. 只　　（量）　zhī　　　　*a measure word for some utensils, boats, animals, etc.*
5. 箱子　（名）　xiāngzi　　suitcase, trunk
6. 收录机（名）　shōulùjī　radio cassette recorder
7. 孩子　（名）　háizi　　　child
8. 墙　　（名）　qiáng　　　wall
9. 挂　　（动）　guà　　　　to hang
10. 照片　（名）　zhàopiàn　photo
11. 住　　（动）　zhù　　　　to live
12. 多　　（数）　duō　　　　many, more than
13. 访问　（动）　fǎngwèn　to visit
14. 家庭　（名）　jiātíng　　family
15. 王国华（专）　Wáng Guóhuá　Wang Guohua, *a person's name*

16.	爱人	（名）	àirén	husband or wife
17.	劳动	（动）	láodòng	to do physical labour
18.	父亲	（名）	fùqin	father
19.	母亲	（名）	mǔqin	mother
20.	整齐	（形）	zhěngqí	neat
21.	女儿	（名）	nǚ'ér	daughter
22.	立刻	（副）	lìkè	at once
23.	叔叔	（名）	shūshu	uncle
24.	阿姨	（名）	āyí	aunt
25.	生活	（名）	shēnghuó	life
26.	盖	（动）	gài	to build
27.	房子	（名）	fángzi	house
28.	丰收	（动、名）	fēngshōu	to have a good harvest; harvest
29.	积极	（形）	jījí	active
30.	建设	（动）	jiànshè	to construct

补充生词　Additional Words

1.	院子	（名）	yuànzi	courtyard
2.	厨房	（名）	chúfáng	kitchen
3.	浴室	（名）	yùshì	bathroom

4. 厕所　（名）　cèsuǒ　　　　　toilet
5. 卫生间（名）　wèishēngjiān　toilet

四、注释　Notes

① "叔叔、阿姨"

中国儿童对跟自己的父、母年纪差不多、没有亲属关系的男人、妇女的亲切的称呼。

叔叔 is a polite form of address used by a young person or child for a man about his or her father's age, and similarly 阿姨 for a woman about his or her mother's age.

五、语法　Grammar

1. 动态助词 "着" The aspectual particle 着

"着" 用在动词后，表示动作或状态的持续。例如：

The aspectual particle 着 may be used after a verb to show the continuation of an action or a state, e.g.

桌子上放着收音机。

孩子们都穿着好看的新衣服。

否定式用 "没（有）…着"。例如：

The negative form is constructed with 没（有）…着，e.g.

屋子的窗户开着，门没（有）开着。

墙上没挂着照片，只挂着一张地图。

139

正反疑问式是：

The affiirmative-negative question form is:

录音机开着没有？

你带着词典没有？

动词带动态助词"着"，也可以表示行为的方式。例如：

The aspectual particle 着 may also be used to indicate the manner in which an action is performed, e.g.

她们站着唱歌。

展览馆比较近，我们走着去吧。

动态助词"着"也可以和表示动作进行的"正""在""呢"等连用。例如：

The aspectual particle 着 can be used together with 正，在 or 呢 to show action in progress, e.g.

他正吃着饭呢。

外边下着雨呢，我们不出去了。

2. 概数 Approximate numbers

汉语里表示概数的方法有以下几种：

In Chinese, there are several ways to show approximate numbers:

（1） 把两个相邻的数目连在一起用。例如：

Putting two consecutive numbers together, e.g.

墙上挂着三、四张照片。

他们班有二、三十个学生。

（2） 用"几"表示十以下的不确定的数目。例如：

Using 几 to indicate an indefinite number under ten, e.g.

屋子里有几张桌子。

书架上放着几十本中文书。

我们已经学了几百个生词了。

（3） 数量词后用"多"，表示不确定的零数。例如："二十多""一百多"。"多"表示整数时，用在量词前。例如：

多 can be used after a numeral to indicate "more than", e.g. 二十多，一百多 When 多 is used to represent a whole number, it is placed before the measure word, e.g.

这件衬衣十多块钱。

二十多年以前，他也是个学校的学生。

"多"表示整数以下的零数时，用在量词之后。例如：

When 多 is used to represent an odd number (i.e. less than one), it is placed after the measure word, e.g.

这件衬衣十块多钱。

他买了三斤多水果。

3. "再"和"又" 再 and 又

"再"和"又"都表示动作的重复，但是二者是不同的。

Both 再 and 又 indicate the repetition of an action, but there are some differences.

"又"表示动作或情况的重复已经实现。如：

又 indicates the repetition of an action which has already

taken place, e.g.

他昨天来了，今天又来了。

今年又是丰收。

一个动作或情况虽然尚未重复，但是说话人非常肯定重复一定实现时，也用"又"。如：

又 can also be used to indicate the repetition of an action or a situation which has not yet been repeated, but which the speaker is absolutely sure will be repeated, e.g.

明天又是星期六了。

安娜回国以后，又可以见到玛丽了。

"再"表示动作或情况的重复尚未实现。如：

再 indicates the repetition which has not yet happened, e.g.

欢迎你们以后再来。

他回国了。他说明年再到中国来。

六、练习　Exercises

1.　用适当的动词加"着"填空：

Fill in the blanks with suitable verbs and 着：

（1）墙上＿＿＿几张照片。

（2）桌子上＿＿＿一个收录机。

（3）屋子的门＿＿＿，但是窗户＿＿＿。

（4）那个孩子＿＿＿一件红毛衣，特别好看。

（5）这几本书都是哈利的，书上都＿＿＿他的名字。

（6）公园离这儿不远，不用坐车，也不用骑车，我们可以＿＿＿去。

（7）我们到了门口，工作人员＿＿＿我们的手说："欢迎，欢迎！"

（8）外边＿＿＿风，＿＿＿雨，不要出去了。

2. 用概数加名量词或动量词填空：
Fill in the blanks with approximate numbers plus nominal or verbal measure words：

（1）到中国以后，他们访问过＿＿＿农民家庭。

（2）他回国的时候，带了＿＿＿箱子。

（3）衣柜里挂着＿＿＿衣服。

（4）门口站着＿＿＿孩子，他们都穿着干净、整齐的衣服。

（5）他用了＿＿＿钱买了一个收录机。

（6）今天他家请客，请了＿＿＿客人。

（7）长城离这儿有＿＿＿公里。

（8）这篇课文我念了＿＿＿，还没有念熟。

3. 根据课文回答问题：
   Answer the questions according to the text:

（1）谁访问了农民王国华的家？

（2）王国华和他爱人在不在家？谁在家？

（3）王国华的父亲和母亲为什么很高兴？

（4）他们握着客人们的手说什么？

（5）他们的屋子怎么样？

（6）外边的屋子有些什么东西？

（7）里边是谁的屋子？有些什么东西？

（8）王国华的小女儿穿着一件什么衣服？她对客人说什么？

（9）王国华家的生活情况怎么样？

（10）客人要走的时候，王国华的父亲说什么？

4. 阅读短文后回答问题：

Read the passage and answer the questions:

丁文的哥哥在北京工作，他父亲、母亲都在上海。上个月他母亲来北京，住在他哥哥家。

丁文请小王去他哥哥家玩儿。星期日，小王骑着自行车去了。看见小王来了，丁文高兴地说："快到屋里坐。"

他们先走进外边的屋子，这个屋子的门和窗户都开着。屋子里很干净，东西不太多，但是很整齐。屋子中间放着一张桌子，桌子两边有两把椅子。桌子上放着水果、糖和汽水。

一会儿，丁文的妈妈笑着从外边进来了。丁文立刻站起来对妈妈说："这是我的同学。"丁文的妈妈握着小王的手说："你叫什么名字？"小王没听懂她的话。丁文说："我妈妈是上海人，不会说北京话，她问你叫什么名字？"小王笑着说："我叫王中。"

他们正谈着话，丁文的哥哥从里边的屋子走出来。他哥哥说："到里屋看电视吧，节目就要开始了。"

里屋的门和窗户也开着。墙上挂着他们一家人的照片。床旁边放着一个大衣柜。衣柜对面有一个书架，书架上放着很多书、杂志和画报，有中文的，也有外文的。

十点钟，电视节目开始了，有歌舞，有杂技。演员们都演得不错。

下午三点钟，小王要走了。丁文一家人都热情地说："欢迎你以后常来。"

（1）丁文哥哥家的两个屋子里有些什么东西？

（2）丁文的母亲跟小王说话，小王听懂了吗？为什么？

（3）电视节目什么时候开始？有什么节目？

（4）小王走的时候是几点钟？丁文一家人对他说什么？

汉字表　Table of Chinese Characters

1	着	羊（ 丶 丷 丷 丷 关 羊 ）		
		目		
2	箱	竹		
		相	木	
			目	
3	孩	子		
		亥		
4	墙	土		牆
		啬	㐭（ 一 十 卝 㐭 ）	
			回	
5	挂	扌		掛
		圭（ 土 圭 ）		
6	住	亻		
		主		
7	访	讠		訪
		方		
8	庭	广		
		廷（ 丿 二 千 壬 廷 廷 ）		

9	劳	艹		勞
		冖		
		力		
10	父			
11	亲	立		親
		木		
12	母			
13	整	敕	束	
			攵	
		正		
14	齐	文		齊
		丿丨		
15	立			
16	叔	尗（上尗）		
		又		
17	阿	阝		
		可		
18	姨	女		
		夷（一㇇彐弓弔夷）		

19	活	氵		
		舌		
20	盖	羊		蓋
		皿		
21	丰	一 二 三 丰		豐
22	积	禾		積
		只		
23	建	聿		
		廴		
24	设	讠		設
		殳		

第三十三课　Lesson 33

我们坐飞机坐了四个小时。

他写了二十五分钟汉字。

她毕业已经两年了。

一、替换练习　Substitution Drills

中午，我从十二点三刻睡到一点三刻，我睡了一个小时。

1. 刚才你<u>睡</u>了几个小时？
   刚才我睡了<u>一</u>个小时。

复习，	两
劳动，	三
工作，	四
等，	半

2. <u>比赛进行</u>了多长时间？
   <u>比赛进行</u>了<u>一个半钟头</u>。

代表大会， 一个星期
讨论会， 一个上午
节目表演，两个半钟头
参观， 三个钟头

3. 你们坐飞机坐了多①长时间?
   我们坐飞机坐了四个小时。

坐火车，二十四个小时
坐汽车，三刻钟
划船， 一个半小时
开会， 两个小时

4. 你念了多长时间（的）课文?
   我念了二十五分钟（的）课文。

写，汉字，半个钟头
学，汉语，三个月
看，电视，一个半钟头
打，球， 四十分钟

5. <u>昨天的练习</u>你<u>作</u>了多长时间？
   昨天的练习我作了<u>一小时</u>。

那本小说，	看，	两天
这些句子，	翻译，	四十分钟
那段录音，	听，	半个小时

6. 她<u>毕业</u>已经差不多两年了。

回国	来北京
去南方	在北方工作

二、课文　Text

一　封　信

洋子同学：

你好！来中国以后，没有立刻给你写信，请原谅。你最近忙不忙？身体好吗？

到中国已经三个月了。从东京到北京，我们坐飞机坐了四个多小时。到了学校，没有立刻上课，先休息了几天。我们到北京有名的公园玩了几次，在颐和园、北海和天坛照了一些照片，现在寄给你几张。

最近我们学习比较紧张。每天上午上四节汉语课，每节课五十分钟。中午休息一个小时。下午有时候听录音、看录相，有时候有辅导。晚上要在宿舍复习三个钟头。我们先在北京语言学院学一年汉语，以后再去别的大学学习。

刚到北京的时候，我不太习惯这儿的天气，病了几天。现在我比较注意锻练身体，早上跑二十分钟步，下午打一个小时球，或者参加别的体育活动。

最近有什么新消息？学校有什么变化？请下次来信介绍一下。

时间不早了，就写到这儿。等着你的回信。

祝

学习进步，身体健康！

你的朋友

友子　2月15日晚

三、生词　New Words

1. 进行　（动）　jìnxíng　　to carry on , to go on
2. 多　　（副）　duō　　　　how
3. 长　　（形）　cháng　　　long
4. 时间　（名）　shíjiān　　　time
5. 钟头　（名）　zhōngtóu　　hour

154

6.	代表	（名）	dàibiǎo	representative
7.	讨论	（动）	tǎolùn	to discuss
8.	划船		huá chuán	to go boating, row
9.	段	（量）	duàn	section, part, para-graph
10.	毕业		bìyè	to graduate; gradua-tion
11.	差不多	（形）	chàbuduō	more or less
12.	南方	（名）	nánfāng	the South
13.	北方	（名）	běifāng	the North
14.	封	（量）	fēng	*a measure word for letters*
15.	信	（名）	xìn	letter
16.	洋子	（专）	Yángzǐ	Ioko, *a person's name*
17.	原谅	（动）	yuánliàng	to excuse
18.	最近	（名）	zuìjìn	recent
19.	东京	（专）	Dōngjīng	Tokyo
20.	有名	（形）	yǒumíng	famous
21.	寄	（动）	jì	to post, to mail
22.	比较	（副）	bǐjiào	comparatively
23.	紧张	（形）	jǐnzhāng	intense, busy
24.	录相		lùxiàng	video

25. 辅导	（名、动）	fǔdǎo	coaching; to coach
26. 习惯	（动、名）	xíguàn	to be used to; habit
27. 活动	（名）	huódòng	activity
28. 消息	（名）	xiāoxi	news
29. 变化	（名、动）	biànhuà	change; to change
30. 回信	（名）	huíxìn	letter in reply
31. 祝	（动）	zhù	to wish
32. 进步	（形）	jìnbù	progressive
33. 健康	（形）	jiànkāng	healthy
34. 友子	（专）	Yǒuzi	Ponoko, *a person's name*

补充生词　Additional Words

1. 邮票	（名）	yóupiào	stamp
2. 信封	（名）	xìnfēng	envelope
3. 地址	（名）	dìzhǐ	address
4. 挂号		guàhào	registered
5. 收信人		shōuxìnrén	recipient
6. 寄信人		jìxìnrén	sender

四、注释　Notes

①副词 "多"　The adverb 多
副词 "多" 用在形容词（多为单音节的）前，可以询问程度

或数量。"多"前可以加"有"。如："那座楼（有）多高？"
"你学汉语学了多长时间？"

The adverb 多 is used before a monosyllabic adjective to inquire about degree or quantity. 多 can be preceded by 有，e.g. 那座楼（有）多高？你学汉语学了多长时间？

五、语法 Grammar

1. 时量补语（一） The complement of duration (1)

时量补语用来说明一个动作或一种状态持续多长时间。例如：

The complement of duration shows the length of time an action or a state continues, e.g.

他病了两天，没有来上课。

这课课文他念了二十分钟。

如果动词后带宾语，一般要重复动词，时量补语放在重复的动词后边。例如：

When the verb takes an object, the verb is usually repeated, and the complement of duration is put after its second occurrence. e.g.

洋子学汉语学了半年。

我们看电视看了一个半小时。

副词或能愿动词要放在重复的动词之前。如：

An adverb or an auxiliary verb must be placed before the repetition of the verb, e.g.

昨天我们打球只打了半个小时。

他写汉字要写两个钟头。

如果宾语不是人称代词，表示时间的词语还可以放在动词和宾语中间（它和宾语之间可以加"的"）。例如：

Provided the object is not by a personal pronoun, the expression of duration can be put between the verb and the object which is sometimes preceded by 的, e.g.

我听了二十分钟（的）广播。

我们上了四个小时（的）课。

2．时量补语（二）　The complement of duration (2)

有些动词表示的动作是不能持续的，如"毕业""离开""来""去"等。这类动词要表示动作发生到某时（或说话时）的一段时间，也可以用时量补语。例如：

Some verbs like 毕业, 离开, 来 or 去 etc. indicate events which cannot be continuous. These verbs may still take a complement of duration to show the length of time elapsed from the occurrence of the event to the time when the speaker talks about it or to some other point in time, e.g.

他大学毕业已经三年了。

他来的时候，我已经起床一个小时了。

3．"给"作结果补语　给 as a complement of result

"给"作结果补语，表示施事者通过动作把某一事物交付某人或集体。例如：

给 used as a resultative complement shows that something has been given or transferred to a person or body of people through the action, denoted by the main verb, e.g.

他送给我一张照片。

那个大学寄给我们学校很多书。

六、练习 Exercises

1. 按照下面的例子改写句子：
Rewrite the sentences following the example:
例 Example:

昨天晚上我看电视看了两个小时。

昨天晚上我看了两个小时电视。

（1）晚饭以后，我常常听音乐听半个小时。

（2）大学毕业以后，他在这儿教法语教了四年。

（3）上午他们开会开了半天。

（4）上星期日天气不好，刮风刮了一天。

（5）星期六下午她写信写了一个半小时，一共写了三封。

例 Example:

159

今天我预习了二十分钟生词。

今天我预习生词预习了二十分钟。

（6）玛丽在公园划了一个小时船。

（7）她跳了两个小时舞，还想再跳。

（8）外边下了一个小时雨了，还在下。

（9）他发了三天烧了，现在病还没好。

（10）昨天我在他那儿看了一个半小时的
录相。

2. 选择适当的词组填入句子空格中，然后就时间补语提问：
Fill in the blanks, with the phrases given, and then ask questions based on the complement of duration:

例　Example:

昨天下午我看足球赛看了三个钟
头，没去打排球。

昨天下午你看足球赛看了多长时
间？

昨天下午你看了多长时间足球赛？

住了十年了　　　　教了四年书了

进行了两个半小时　爬山爬了三刻钟

160

辅导一个小时　　　　写两个钟头毛笔字
开了两个小时讨论会

（1）星期日上午他在公园里＿＿＿＿＿。

（2）他在北京＿＿＿＿＿，已经习惯这儿
　　　的生活了。

（3）毕业以后，他已经＿＿＿＿＿＿，
　　　是个很不错的老师了。

（4）代表们＿＿＿＿＿＿。

（5）排球赛＿＿＿＿＿＿。

（6）每天下午老师都给我们＿＿＿＿＿。

（7）他很喜欢写汉字，每天都＿＿＿＿。

3. 根据课文回答问题：
Answer the questions according to the text:

（1）友子给谁写信？

（2）谁是收信人？谁是寄信人？

（3）友子到中国有多长时间了？

（4）从东京到北京要坐几个小时的飞
　　　机？

（5）友子到北京以后休息了没有？

（6）友子寄给洋子一些什么照片？

（7）请你说一说友子一天的学习生活。

（8）友子现在在哪儿学习汉语？她要学多长时间？以后再到哪儿去学习。

（9）友子刚刚到北京的时候，为什么病了？

（10）现在友子注意锻练身体吗？她怎么锻练？

4. 根据实际情况回答问题：

Give your own answers to the questions:

（1）你每星期上几个小时汉语课？

（2）你已经学了多长时间汉语了？

（3）你准备学几年汉语？

（4）你每天什么时候念课文？念多长时间？

（5）你每天什么时候锻练身体？锻练多长时间？

（6）你学完第一本汉语书已经多长时间了？

汉字表　Table of Chinese Characters

1	代	亻	
		弋	
2	讨	讠	討
		寸	
3	论	讠	論
		仑（ ノ 人 仑 ）	
4	划	戈	
		刂	
5	段	𠂢	
		殳	
6	毕	比	畢
		十	
7	封	圭	
		寸	
8	信	亻	
		言	
9	洋	氵	
		羊（ 丶 丷 丷 兰 兰 羊 ）	

10	原			
11	谅	讠		谅
		京		
12	寄	宀		
		奇	大	
			可	
13	较	车		较
		交（丶 一 六 六 亦 交）		
14	紧	𠂇（丨 𠂇）		紧
		系		
15	辅	车		辅
		甫（一 丆 丏 丏 甫 甫 甫）		
16	导	巳		導
		寸		
17	惯	忄		惯
		贯	毌	
			贝	
18	消	氵		
		肖（丶 丷 丷 丷 丬 肖 肖 肖）		

19	变	亦		變
		又		
20	化			
21	祝	礻		
		兄	口	
			儿	
22	健	亻		
		建		
23	康	广		
		隶（乛彐彐肀聿肀隶隶）		

第三十四课 Lesson 34

张力是从上海来的。

他是去年毕业的。

1. 你是什么时候来的？
   我是今年九月来的。

去年十月	上月二十五号
昨天下午	前天晚上

2. 张力是哪儿来的？
   张力是从上海来的。

南方	东北
工厂	农村

3. 安娜是不是坐飞机来的？
   她不是坐飞机来的，是坐火车来的。

166

坐车①，	骑自行车
坐地铁，	走着
坐公共汽车，	坐出租汽车
一个人，	跟代表团一起

4. 国际足球赛是在哪儿举行的？
   是在北京举行的。

运动会，	学校的运动场
毕业典礼，	礼堂
学术报告会，	研究所
轻工业展览会，	天津

5. 他是什么时候毕业的？
   他是去年毕业的。

参观展览，	前天
参加比赛，	上星期
到中国，	前年

二、课文 Text

遇见老朋友

星期日，汉斯在北京饭店门口遇见了老朋友格林。

汉斯： 格林，你好！你是什么时候来中国的？

格林： 我是上月二十五号来的，在上海住了一个星期，是前天到的北京。

汉斯： 你是坐飞机从上海来的吗？

格林： 不是坐飞机来的，是坐火车来的。

汉斯： 你是一个人来的吗？

格林： 不是，我是跟代表团一起来的，我负责代表团的翻译工作。

汉斯： 你大学已经毕业了吗？

格林： 是的，我是今年夏天毕业的。现在在一个研究所工作。

汉斯： 你们代表团准备在中国住多长时间？

格林： 代表团团长说，大概要住一个月。

168

北京正在举行一个国际展览会。参加这个展览会的代表团，是从各个国家②来的。会上还将进行学术讨论，我们团长准备了一篇报告。

汉斯：你们的代表团就住在北京饭店吗？

格林：是的，我的房间是1216号③。

到我房间里坐坐吧，休息一下，喝杯茶。我还要请你介绍介绍北京的情况呢！

汉斯： 有位同学在里边等我，我是跟他一起来的。我先去告诉他一下再去找你。

格林： 好吧，我在房间等你。

三、生词 New Words

1.	前天	（名）	qiántiān	the day before yester-day
2.	东北	（专）	Dōngběi	Northeast China
3.	车	（名）	chē	vehicle
4.	地铁	（名）	dìtiě	subway, underground railway
5.	出租汽车		chūzū qìchē	taxi
6.	代表团	（名）	dàibiǎotuán	delegation
7.	国际	（名）	guójì	international
8.	举行	（动）	jǔxíng	to hold
9.	运动会	（名）	yùndònghuì	sports meet

170

10.	运动场	（名）	yùndòngchǎng	sports ground
11.	典礼	（名）	diǎnlǐ	ceremony
12.	学术	（名）	xuéshù	learning, academic, science
13.	报告	（名、动）	bàogào	report; to give a report
14.	研究所	（名）	yánjiūsuǒ	research institute
15.	轻工业	（名）	qīnggōngyè	light industry
16.	前年	（名）	qiánnián	the year before last
17.	遇见		yùjiàn	to meet
18.	老	（形）	lǎo	old
19.	北京饭店	（专）	Běijīng Fàndiàn	Beijing Hotel
20.	格林	（专）	Gélín	Green
21.	负责	（动）	fùzé	to be responsible for
22.	团长	（名）	tuánzhǎng	head of a delegation
23.	大概	（副）	dàgài	probably, approximately
24.	各	（代）	gè	each
25.	国家	（名）	guójiā	state, country
26.	将	（副）	jiāng	will
27.	喝	（动）	hē	to drink
28.	杯	（量）	bēi	cup, glass

29. 茶　　　（名）　chá　　　　　tea

补充生词　**Additional Words**

1. 服务员（名）　fúwùyuán　　attendant
2. 服务台（名）　fúwùtái　　information desk
3. 电梯　　（名）　diàntī　　elevator, lift
4. 餐厅　　（名）　cāntīng　　dining-hall
5. 咖啡　　（名）　kāfēi　　coffee

四、注释　**Notes**

① "坐车"

"车"是各种车辆的总称。在具体的语言环境里，可以指汽车、公共汽车、火车、自行车等。

车 is a general name meaning "vehicle". It may refer to a car, a bus, a train or a bicycle according to the specific context.

② "各"

指代词"各"指某一范围内的所有个体。用在名词或量词前。如："各家""各地""各个学校""各个工厂"等。

The demonstrative pronoun 各 used before a noun or a measure word refers to every individual entity within a certain scope, e.g. 各家，各地，各个学校，各个工厂, etc.

③ "1216号" "The number 1216"

在号码中，"1"为了避免与"7"读音相混，常读作"yāo"。

In counting, 1 is often read as *yāo* in order to avoid the confusion between 1 and 7.

五、语法 Grammar

1.　"是…的"格式 The construction 是…的

对一个已经发生了的动作，要强调说明动作发生的时间、地点、或动作的方式等，就用"是…的"这个格式。"是"放在要强调说明的词语前（也可以省略），"的"放在句尾。例如：

The time, place or manner of an action which has taken place can be emphasized by the construction 是…的. 是 (sometimes optional) is put before the word to be emphasized, and 的 at the end of the sentence, e.g.

格林是前天来的。

展览会是在北京举行的。

他们是跟代表团一起来的。

如果动词有宾语，宾语是名词时，常常放在"的"后。例如：

If there is any nominal object, it is often put after 的, e.g.

他们是在公园照的相。

我们是坐飞机去的上海。

宾语也可以在"的"前，尤其宾语是代词时，更是如此。例如：

However, the object may also be placed before 的. This is especially common with a pronominal object, e.g.

他是一九八六年上大学的

我是在礼堂门口遇见他的。

否定式是"不是…的"，"是"不能省略。如：

The negative form of the construction 是…的 is 不是…的,
in which 是 can never be omitted, e.g.

他不是跟汉斯一起来的。

我们不是在剧场看的节目，是在礼堂看
的。

2. 副词"就"　The adverb 就

"就"的一个用法是表示肯定客观事实或强调事实正是如
此。例如：

The adverb 就 has different meanings one of which is to
affirm or emphasize a matter of fact, e.g.

他就是张力的哥哥。

我们就住在这个饭店。

六、练习　Exercises

1. 根据下列句子的划线部分提问：

Ask questions on the underlined parts of the following sen-
tences:

（1）她是上星期二下午去语言研究所
的。

（2）我是坐地铁去火车站的。

（3）我朋友是坐出租汽车去北京饭店的。

（4）他是前年大学毕业的。

（5）1987年的全国运动会是在广州
(Guǎngzhōu) 举行的。

（6）去年的毕业典礼是在礼堂举行的。

（7）前天他是在科学会堂作的学术报告。

（8）他们国家的体育代表团是前天到这儿的。

（9）我是在东京遇见老同学的。

（10）他是和他姐姐一起去东北的。

2. 用下列词组作"是…的"格式的否定式句子：
Make negative sentences with the construction 是…的,
using the following groups of words:

例 Example:

今年九月十五号
我不是今年九月十五号来北京的，
我是九月二十号来的。

（1） 坐飞机

（2） 从东北

（3） 前年夏天

（4） 在长城饭店

（5） 跟老朋友一起

（6） 坐出租汽车

（7） 一个人

（8） 上个星期天

3. 根据课文回答问题：

Answer the questions according to the text:

（1） 汉斯是什么时候遇见格林的？

（2） 汉斯是在什么地方遇见格林的？

（3） 格林是什么时候来中国的？

（4） 到北京以前，格林在什么地方住了
  一个星期？

（5） 格林是什么时候到的北京？

（6） 格林大学毕业了没有？

（7） 格林是什么时候毕业的？

（8） 格林现在在哪儿工作？他在代表团

里作什么工作？

（9）这个代表团要在中国住多长时间？参加什么活动？

（10）代表团住在什么地方？格林的房间是多少号？

（11）汉斯是一个人去北京饭店的吗？

4. 把本文改为叙述体。

Change the text from a dialogue into a narrative.

汉字表　Table of Chinese Characters

1	铁	钅	鐵
		失（丿 ト 二 失 失）	
2	租	禾	
		且	
3	团	囗	團
		才	
4	际	阝	際
		示（二 示）	
5	举	兴（丶 丶 丷 业 兴 兴）	舉
		干	

6	研	石（ ˉ ナ 石 ）	研
		开（ ˉ 二 于 开 ）	
7	究	穴	
		九	
8	所	戶（ ˊ ˊ 戶 戶 ）	
		斤	
9	轻	车	輕
		圣	
10	遇	禺（ 丶 口 曰 日 甲 禺 禺 禺 ）	
		辶	
11	格	木	
		各	
12	林	木	
		木	
13	负	ク（ ˊ ク ）	負
		贝	
14	责	圭	責
		贝	
15	概	木	

		既 目（フ ヨ ヨ 目 目）	
		无（一 二 チ 无）	
16	各		
17	将	丬（丶 冫 丬）	将
		夕 夕	
		寸	
18	喝	口	
		曷 日	
		匃（ノ 勹 勹 匃）	
19	杯	木	
		不	
20	茶	艹	
		人	
		木	

第三十五课　Lesson　35

丁文从楼上跑下来了。
汽车开进学校来了。
他从桌子里拿出来一本书。

一、替换练习　Substitution Drills

1. 丁文从楼上跑下来了。

外边，	进来
楼下，	上来
屋里，	出去
操场，	回来

2. 幼儿园的孩子从那边跑过来了。

运动员的队伍，	走
哈利，	追
汽车，	开
运动员，	跑

3. 他走<u>进</u>教室去了。

出，	学校
上，	主席台
回，	家
下，	楼

4. 他从<u>桌子里</u>拿<u>出</u>一本书来。

桌子上，	起
书架上，	下
楼下，	上
外边，	进
汉斯那儿，	回
张力那儿，	过

5. 他从<u>箱子里</u><u>找出来</u><u>两件衣服</u>。

别的屋子，	拿进，	一把椅子
楼下，	带上，	三瓶汽水
商店，	买回，	一个照相机
提包里，	拿出，	一件礼物

运　动　会

　　几辆大汽车开进学校来了。这些人是来参加运动会的①。

　　运动会八点开始。七点五十分，运动员集合了。这时候，哈利还没有来，大家都很着急。同学们让我跑回宿舍去找他。我刚跑到楼门口，哈利从楼上跑下来了。我对他说："快，大家都在等你呢。"

　　八点钟，运动员的队伍走进操场来了。大家精神饱满，走得非常整齐。当队伍走过主席台的时候，很多观众都站起来鼓掌。

　　运动项目开始了。运动员有的跑，有的跳；观众有的鼓掌，有的喊"加油"，运动场上热闹极了。

哈利参加的项目是八百米赛跑。他跑完第一圈的时候，忽然摔倒了。大夫刚要跑过去看，哈利自己爬起来，又追了上去。最后，哈利得了第三名。一个同学跑过去，举起照相机来，给哈利照了一张相，全场观众都热烈鼓掌。

运动会进行了一天。最后，体操队给大家作了表演。

三、生词　New Words

1.	幼儿园	（名）	yòu'éryuán kindergarten
2.	队伍	（名）	duìwu	a procession of people, contingent
3.	追	（动）	zhuī	to run after, to pursue
4.	主席台	（名）	zhǔxítái	rostrum
5.	拿	（动）	ná	to take, to hold
6.	提包	（名）	tíbāo	handbag, bag
7.	礼物	（名）	lǐwù	present, gift
8.	集合	（名）	jíhé	to rally, to assemble

9.	着急	（形）	zháojí	be worried
10.	精神	（名）	jīngshen	spirit
11.	饱满		bǎomǎn	full (of vigour, etc.)
12.	当…的时候		dāng… de shíhou	when
13.	观众	（名）	guānzhòng	audience, spectator
14.	项目	（名）	xiàngmù	event
15.	跳	（动）	tiào	jump
16.	加油		jiāyóu	to cheer (players) on
17.	热闹	（形）	rènao	bustling, astir
18.	米	（量）	mǐ	metre
19.	赛跑	（名）	sàipǎo	race
20.	圈	（量）	quān	circle
21.	忽然	（副）	hūrán	suddenly
22.	摔	（动）	shuāi	to fall, to lose one's balance
23.	倒	（动）	dǎo	to fall down
24.	又	（副）	yòu	again, once more
25.	最后	（名）	zuìhòu	last, at last
26.	名	（名）	míng	place (used in competition)

184

27. 举　　　　（动）　jǔ　　　　to hold up, to raise

28. 体操队　（名）　tǐcāoduì　　gymnastics team

补充生词　Additional Words

1. 跳高　　（名）　tiàogāo　　high jump

2. 跳远　　（名）　tiàoyuǎn　　long jump

3. 跳水　　（名）　tiàoshuǐ　　diving

4. 游泳　（名、动）　yóuyǒng　　swimming; to swim

5. 裁判　　（名）　cáipàn　　referee, umpire

四、注释　Notes

① "这些人是来参加运动会的。"

这个句子的谓语 "是来参加运动会的" 表示动作的目的。

The predicate of the sentence is 是来参加运动会的 indicating the purpose of the action.

五、语法　Grammar

1. 复合趋向补语　The compound directional complement

动词 "上、下、进、出、回、过、起" 等后面加上 "来" 或 "去"，可作另一动词的补语，叫作复合趋向补语。

复合趋向补语中的 "来" "去" 的使用规律跟简单趋向补语 "来" 和 "去" 一样。例如：

185

The compound directional complement is formed by verbs such as 上，下，进，出，回，过 or 起 plus 来 or 去.

In a compound directional complement, 来 or 去 is used in the same way as in the simple directional complement, e.g.

我在楼上，看见他从楼下跑上来了。

图书馆的老师说，那本小说已经借出去了。

如果宾语是表示处所的词语，一定要放在"来"或"去"之前。例如：

If the object of the sentence indicates location, this object should be put before 来 or 去, e.g.

汽车开进学校来了。

我想爬上长城去看看。

如果宾语是事物，不是处所，则可在"来""去"之前，也可在"来""去"之后。例如：

If the object indicates a thing, not a location, it can be put either before or after 来 or, 去, e.g.

他从书架上拿下一本书来。

他从书架上拿下来一本书。

2.　"了"和复合趋向补语　了 and the compound directional complement

如果动词后没有宾语，动态助词"了"可以放在动词之后。例如：

186

If there is no object after the main verb, the aspectual particle 了 can be put directly after it, e.g.

他说完话站了起来。

他在外边站了一会儿，就走了进去。

"了"也可以放在复合趋向补语之后。如：

了 can also be put after the compound directional complement, e.g.

他走进去了。

他说完话站起来了。

如果动词后有宾语，"了"一般放在句尾。也可以放在复合趋向补语之后宾语之前，这时"了"可以省略。例如：

If there is an object after the verb, 了 is usually put at the end of the sentence. But 了 can also be put between the complement and the object. In this case 了 may be omitted, e.g.

姐姐买回水果来了。

哥哥买回来（了）一个彩色电视机。

六、练习 Exercises

1. 将下列句子空白中填入适当的复合趋向补语：
Fill in the blanks with suitable compound directional complements:

（1）张力昨天从商店买＿＿＿一个很好看的提包。

187

（2）他从书架上拿＿＿＿一本外文杂志，看了看又放＿＿＿了。

（3）从操场回宿舍的时候，我看见安娜走＿＿＿图书馆＿＿＿了。

（4）小王要回家的时候对他朋友说："我家离这儿不远，不用坐车，我走＿＿＿。"

（5）我们要进博物馆门口的时候，小白从后边追＿＿＿，对我们说："请等一等，我和你们一起进去。"

（6）我跟哈利正谈着话，一辆汽车从我旁边很快地开＿＿＿了。

（7）孩子摔倒了，妈妈让他自己爬＿＿＿。

（8）我在楼下叫汉斯，他听到以后立刻从楼上跑＿＿＿了。

2. 根据下面句子的内容，指出说话人的位置：
   Indicate where the speakers are according to the contexts:

（1）一辆汽车开进学校大门去了。

（2）这是谁的箱子和提包？请拿进屋

里去吧。

（3） 刚才我看见丁文从宿舍楼跑出去
了，他说他去操场。

（4） 礼物在楼上我的屋子里，你等一
下儿，我这就跑上去拿。

（5） 在幼儿园门口，孩子们跳着舞欢
迎外国客人，客人们鼓着掌走进
去了。

（6） 大家正热闹地谈着话，小王从楼
下拿上来一些汽水。

（7） 我正在看书，小白跑进来说：
"下雨了。"

（8） 他拿着一张画儿走进房间里去
了。

3. 阅读下面短文，找出里边的复合趋向补语：
Read the following passage and find the compound direc-
tional complements:

星期日，马丁和汉斯去公园玩儿。进了
公园，他们先去爬山。马丁第一个爬上去
了。很快，汉斯也爬上去了。在山顶上玩儿
了一会儿，他们一起从山后边跑了下来。

下来以后，他们又开始划船。他们从山下边划过去，划到很远的地方，一个钟头以后才划回来。

下午，他们一边谈话一边从公园走出来。这时候，对面开过来一辆汽车，一个人下了车，往他这儿走过来。马丁看清楚这个人以后，立刻跑过去跟他握手。这是马丁的一个老朋友，他是跟代表团一起来中国访问的。

4. 根据课文回答问题：
   Answer the questions according to the text：

   （1）运动会几点开始？
   （2）运动员什么时候集合？
   （3）同学们为什么让你回宿舍去？
   （4）你在哪儿遇见了哈利？
   （5）运动员的队伍是什么时候走进操场的？
   （6）运动员队伍走得整齐不整齐？
   （7）当运动员队伍走过主席台的时候，观众们怎么样？

（8）请你说一说运动项目开始以后运动场上的情况。

（9）哈利参加的是什么项目？

（10）全场观众为什么热烈鼓掌？

（11）运动会进行了多长时间？

（12）最后谁给大家作了表演？

汉字表　Table of Chinese Characters

1	幼	幺			
		力			
2	伍	亻			
		五			
3	追	𦣞（ ノ 𠂉 𠃌 𠂤 𠂤 白 ）			
		辶			
4	主				
5	席	广			
		帯	廿		
			巾		
6	台				臺
7	拿	合（ 人 𠆢 合 ）			

191

		手	
8	集	隹	
		木	
9	合		
10	急	刍（丿 ㇀ 刍 刍 刍）	
		心	
11	精	米	
		青	
12	神	礻	
		申（丨 冂 曱 日 申）	
13	饱	饣	飽
		包	
14	满	氵	滿
		㒼	艹
			两
15	当	业	當
		彐（㇆ ㇕ 彐）	
16	众	人 从 众	衆

17	项	工		项
		页		
18	油	氵		
		由		
19	闹	门		鬧
		市		
20	米			
21	圈	口		
		卷（丶 丷 ⺷ 龱 半 关 奂 卷）		
22	忽	勿（丿 勹 勺 勿）		
		心		
23	然	犾（丿 夕 夕 夕 夕 外 犾 犾）		
		灬		
24	摔	扌		
		率（丶 亠 ⼟ 立 玄 玄 泫 瘁 瘁 瘁 率）		
25	倒	亻		
		到		
26	又	乛 又		

第三十六课　**Lesson　36**

他看得懂《人民日报》。
声音太小，我听不清楚。
这些练习半小时作得完作不完？

一、替换练习　Substitution Drills

1. 这张报你看过吗？

看过。	那段录音，	听
看得懂吗？	这本小说，	看
看得懂。	那个中国电影，	看

2. 你看得见前边的东西吗？
天太黑了，看不见。

河	树
船	山

3. 耳机里的声音你听得见听不见？
听得见，但是听不清楚。

194

收音机　录音机　电视机　电话

4. 你能借得着那本书吗?

我想，能借得着。

买，《中国历史故事》
找，昨天丢的表
猜，这个谜语

5. 这些作业半小时作得完作不完?

赶快作，可能作得完。

汉字，写
课文，看
句子，翻译
问题，回答

6. 昨天天气比较热，今天凉快一点儿了。

> 天气，冷，暖和
> 生词，多，少
> 课文，难，容易
> 语法，复杂，简单

7. <u>这件衣服</u>有一点儿<u>短</u>。

> 这本书，厚　　　（薄）
> 耳机里的声音，不清楚
> 这个屋子，　　　小
> 这个句子，　　　长

二、课文　Text

刻　舟　求　剑

上课的时候，老师让我们听录音。老师说："这是一个成语故事，生词不太多，看你们听得懂听不懂。① "

大家戴上耳机，开始听了。哈利说："老师，我耳机里的声音有一点儿不清楚。”

老师问：“听得见吗？”

“听得见，可是听不清楚。”

老师问别的同学听得清楚听不清楚，大家都说听得清楚。老师对哈利说：“你的耳机可能坏了，换个耳机试试。”

哈利说：“不用换了，现在能听清楚了。”

这是中国古时候的故事。从前，有个人坐船过河，船走到河中间，不小心，他的剑掉到水里去了。他马上在船边上作了一个记号。他说：“我的剑是从这儿掉下去的。”船到了岸边，这个人立刻从作记号的地方跳到水里去找他的剑。

听完以后，老师让我们用汉语说一说故事的内容。老师还问我们：“这个人当

然找不着他的剑。这个成语故事的含义是什么呢？"

很多同学举手要求回答。老师看了看表说："快下课了，回答不完了，下一节课再请你们回答。"

三、生词　New Words

1.	天	（名）	tiān	sky
2.	河	（名）	hé	river
3.	耳机	（名）	ěrjī	earphone, headphone
4.	声音	（名）	shēngyīn	voice, sound
5.	着	（动）	zháo	*used as a complement, indicates that one gets what one needs or achieves one's goal*
6.	历史	（名）	lìshǐ	history
7.	丢	（动）	diū	to lose
8.	表	（名）	biǎo	watch
9.	猜	（动）	cāi	to guess
10.	谜语	（名）	míyǔ	riddle

11.	作业	（名）	zuòyè	homework
12.	赶快	（副）	gǎnkuài	quickly
13.	一点儿	（形）	yìdiǎnr	a little
14.	复杂	（形）	fùzá	complicated, complex
15.	简单	（形）	jiǎndān	simple
16.	有一点儿		yǒuyìdiǎnr	a little
17.	短	（形）	duǎn	short
18.	厚	（形）	hòu	thick
19.	薄	（形）	báo	thin
20.	刻舟求剑		kèzhōu qiújiàn	to carve a mark on the gunwale of a moving boat where a sword was lost overboard -- ridiculous stupidity
21.	成语	（名）	chéngyǔ	idiom
22.	戴	（动）	dài	to put on, to wear
23.	坏	（形）	huài	broken down
24.	换	（动）	huàn	to change, to exchange
25.	古	（名）	gǔ	ancient
26.	从前	（名）	cóngqián	before
27.	小心	（形）	xiǎoxīn	careful

28.	剑	（名）	jiàn	sword
29.	掉	（动）	diào	to drop
30.	水	（名）	shuǐ	water
31.	记号	（名）	jìhào	mark
32.	岸	（名）	àn	bank
33.	内容	（名）	nèiróng	contents
34.	当然	（形）	dāngrán	certainly, of course
35.	含义	（名）	hányì	implication
36.	要求	（动、名）	yāoqiú	to request; requirement

补充生词 Additional Words

1.	复述	（动）	fùshù	to retell
2.	听写	（动）	tīngxiě	to have a dictation
3.	改写	（动）	gǎixiě	to rewrite
4.	填空	（动）	tiánkòng	to fill in blanks
5.	造句	（动）	zàojù	to make sentences

四、注释 Notes

① "看你们听得懂听不懂"

这里的 "看" 表示 "试一试"。也可以用重叠式 "看看"。

Here 看, which can be repeated as 看看, means "to try".

五、语法 Grammar

1. 可能补语 The potential complement

可能补语表示可能。在结果补语或趋向补语前加"得"，就可以构成可能补语。否定式用"不"代替"得"。例如：

The potential complement indicates possibility. It is formed by placing 得 between the verb and the resultative or directional complement. Its negative form is constructed by replacing 得 with 不, e.g.

这些汉字半小时写得完吗？

那座山不高，我们爬得上去。

前边的字我看不清楚。

他们去参观了，五点以前回不来。

动词带宾语时，宾语放在可能补语之后。如果宾语较长，则往往用前置宾语。例如：

The object of the verb should be put after the potential complement. If the object is particularly long, it may be placed before the subject, e.g.

我听得懂他的话。

耳机里的声音你听得清楚吗？

动词带可能补语的正反疑问式是：

The affirmative-negative question forms of the verb taking a potential complement are shown in the following examples:

你猜得着猜不着这个谜语？

那座山很高，你上得去上不去？

2. 可能补语和能愿动词 The potential complement and auxiliary verbs.

虽然可能补语和"能""可以"都表示可能，但是"能""可以"还表示环境或情理上的许可。因此，可能补语并不能代替所有句子中的"能"或"可以"。如"我可以进去吗？"就不能说成"我进得去吗？"

有时为了加重语气，在用可能补语的句子中，也可以再用上"能"或"可以"。例如：

Although both the potential complement and the auxiliary verb can express possibility, only auxiliary verbs such as 能 or 可能 can express permission as well. So, the potential complement cannot replace the auxiliary verb in all cases. For example 我可以进去吗 (May I come in?) cannot be replaced by 我进得去吗 (Is it physically possible for me to get in?).

Moreover, to intensify the tone of the sentence, 能 or 可以 can also be used together with the potential complement, e.g.

这篇文章不长，一个小时能看得完。
我们早上八点出发，中午可以回得来。

3. "一点儿"和"有一点儿" 一点儿 and 有一点儿

数量词"一点儿"和"一些"的意思一样，口语中"一点儿"用得更多。如果不在句首，"一"常常省去。例如：

The numeral-measure word 一点儿 means the same as 一些 but 一点儿 is more often used in spoken Chinese. If it does not occur at the beginning of a sentence, 一 in 一点儿 is usually omitted, e.g.

这件衣服短（一）点儿。

我想买（一）点儿东西。

副词"有一点儿"常作状语修饰形容词或动词，表示程度不高，多用于不如意的事情。例如：

The adverb 有一点儿 means "a little". It is often used as an adverbial adjunct before an adjective or a verb and implies that something is not quite satisfactory, e.g.

这件衣服有（一）点儿短。

他有（一）点儿想去，还没最后决

定 (juéding decide)。

"一点儿"不能用在形容词或动词前，不能说"这件衣服一点儿短。"

一点儿 cannot be used before an adjective or a verb, so it would be incorrect to say, for example, 这件衣服一点儿短．

六、练习　Exercises

1. 用动词加可能补语填空：
Fill in the blanks with suitable verbs plus potential complements:

（1）天太黑了，我＿＿＿前边墙上的字。

（2）电话机不好，请你大点儿声音，

203

我____你说的话。

（3） 广播的这个小故事比较容易，我们都____。

（4） 公园后边的那座山不太高，我想她一定____。

（5） 门太小了，这辆大汽车____吗？

（6） 要参观的东西太多了，一个钟头可能____。

（7） 你让他明天晚上去找我，我告诉他我的房间号了，他一定____。

（8） 这篇文章内容复杂，生词多，我还____。

2. 把下面的疑问句改成带可能补语的疑问句并回答：
Change the following questions into questions with potential complements, and then give the answers:

例 Example:

你一个小时能作完今天的作业吗？

你一个小时作得完今天的作业吗？——作得完（作不完）。

（1）你能听懂《刻舟求剑》这个成语故事吗？

（2）那个人能找着掉到河里的剑吗？

（3）他摔坏了腿，能跑完八百米吗？

（4）你能借到一本历史故事书吗？

（5）河对面的岸上有什么东西，你能看清楚吗？

（6）他作的这些记号是什么含义，你能看懂吗？

（7）这个节目十五分钟能演完吗？

（8）我们能追上前边的队伍吗？

3. 用"一点儿"或"有一点儿"填空：
Fill in the blanks with 一点儿 or 有一点儿：

（1）这件毛衣＿＿小，我想换一件大＿＿的。

（2）下雪了，路不好走，小心＿＿，别摔倒了。

（3）这本书内容＿＿难，有没有容易＿＿的？

（4）你作作业的时候认真＿＿，就不

会有这么多错字了。

（5）我想买一张大____的地图，小的
　　　看不清楚。

（6）今天的天气____热，我穿得太多
　　　了。

（7）时间不多了，请你说得简单____。

（8）今天我觉得____不舒服，不能跟
　　　你们一起进城了。

4．根据课文回答问题：
Answer the questions according to the text:

（1）上课的时候，老师让你们作什么？

（2）这段录音说的是什么内容？

（3）哈利听得见耳机里的声音吗？

（4）哈利听得清楚耳机里的声音吗？

（5）别的同学听得清楚耳机里的声音
　　　吗？

（6）老师让哈利换一个耳机，哈利换
　　　了吗？为什么？

（7）《刻舟求剑》是什么时候的故
　　　事？

（8）请你简单地说一说《刻舟求剑》
　　故事的内容。

（9）听完故事，老师问了一个什么问
　　题？

（10）你们回答了吗？为什么？

汉字表　**Table of Chinese Characters**

1	河	氵	
		可	
2	耳	一丆丆丆王耳	
3	史	丶丿口口史史	
4	丢	丿丢	
5	猜	犭	
		青	
6	谜	讠	谜
		迷　米	
		辶	
7	赶	走	赶
		干（一二干）	

8	简	⺮	簡
		间	
9	单	丶 丷 ⺍ 𭥫 单 单	單
10	短	矢	
		豆	
11	厚	厂	
		日	
		子	
12	薄	艹	
		氵	
		尃(一 厂 冂 甫 甫 甫 甫 重 尃 尃)	
13	舟		
14	求	一 十 寸 寸 求 求 求	
15	剑	佥	劍
		刂	
16	成		
17	戴	一 十 土 㘯 𡎚 戴 戴	
18	坏	土	壞
		不	

19	换	扌	
		奂（ ✓ ク ⼎ ㇇ ⼐ 奂 奂 ）	
20	古		
21	心		
22	掉	扌	
		卓（ ✓ ⼘ ⼎ ⼔ 占 卢 卓 卓 ）	
23	记	讠	記
		已	
24	岸	山	
		厂	
		干	
25	内		
26	含	今	
		口	
27	义	丿 乂 义	義

第三十七课　Lesson　37

我把那篇小说翻译完了。
你把这些东西送去。

1. 你把<u>那篇小说翻译完</u>了吗？

   我把那篇小说翻译完了。

   （翻译完了。）

那篇文章，	翻译完
昨天的课文，	念熟
明天的课，	准备好
收音机，	打开

2. 请你把<u>那本书给</u>他。

210

> 那包东西，给
> 这件事， 通知
> 这个消息，告诉

3. 你把<u>这些东西</u>送去吧。

> 这封信， 寄
> 照相机， 拿
> 这些花儿，带
> 孩子， 抱

4. 请你把这袋粮食<u>扛进来</u>。

> 拿过来 搬出去
> 扛起来 放下去

5. 你把<u>身上的雪</u>扫扫。

> 要带的东西，准备
> 那儿的情况，介绍
> 课文的意思，讲
> 这个句子， 分析

二、课文 Text

互相帮助

新年快要到了，谢刚休假回家看母亲。

出了车站，就下起雪来①。快到家的时候，雪下得更大了。这时候，他看见前边有个女同志，扛着一袋粮食，手里还抱着一包东西，走起路来十分困难。谢刚立刻跑过去说："同志，你把粮食给我，我帮你扛。""谢谢。"女同志看了看谢刚，把粮食给了他。

女同志一边走，一边问谢刚："同志，你去哪儿？"

"我休假回家看母亲。我家就在前边，中山路八十号。"

"你是谢大娘的儿子吧？"

"你怎么知道？……"

"已经到八十号了，快进去吧。"

“不，我先把你的东西送去，再回家。”

“你快把粮食扛进去吧。这些粮食……”

谢刚的母亲谢大娘，听见外边有人说话，赶快从屋里走出来。

“啊，是兰英来了。快把东西放下，把身上的雪扫扫，到屋里坐。”接着，谢大娘对儿子说：“孩子，你不认识她吧？这是商店的李兰英同志。她是来给我们家

送粮食的。她看我年纪大了，买东西不方便，你又②不在家，为了照顾我，每个月

都把粮食和别的该买的东西，送到家来
……"

听了妈妈的话，谢刚非常感动。他
把粮食放下，握着李兰英的手说："谢谢
你的关心和帮助。"李兰英笑着说："不
用客气，刚才不是你帮我扛的粮食吗？③"

三、生词 New Words

1. 把　　　（介）　bǎ　　　*a preposition showing disposal*

2. 文章　　（名）　wénzhāng　article

3. 包　　　（量）　bāo　　　pack, bundle, parcel

4. 通知　（动、名）tōngzhī　to notify; notice

5. 花儿　　（名）　huār　　　flower

6. 抱　　　（动）　bào　　　to carry in one's arm, to embrace

7. 袋　　　（量）　dài　　　sack, bag

8. 粮食　　（名）　liángshi　grain

9. 扛　　　（动）　káng　　　to carry on one's shoulder

10. 搬　　　（动）　bān　　　to move, to remove

214

11.	身 （上）	（名）	shēn (shang) body
12.	扫	（动）	sǎo to sweep
13.	意思	（名）	yìsi meaning, sense
14.	讲	（动）	jiǎng to explain, to talk
15.	分析	（动）	fēnxī to analyze
16.	互相	（副）	hùxiāng each other
17.	帮助	（动）	bāngzhù to help
18.	谢刚	（专）	Xiè Gāng Xie Gang, *a person's name*
19.	休假		xiūjià be on holiday; be on leave
20.	更	（副）	gèng even, still
21.	十分	（副）	shífēn very
22.	困难	（名、形）	kùnnan difficulty; difficult
23.	帮	（动）	bāng to help
24.	中山路	（专）	Zhōngshān Lù Zhongshan Road
25.	大娘	（名）	dàniáng aunty, aunt (respectful form of address for an elderly woman)
26.	儿子	（名）	érzi son
27.	接着	（连）	jiēzhe after, following

215

28.	认识	（动）	rènshi	to recognize, to know
29.	李兰英	（专）	Lǐ Lányīng	Li Lanying, *a person's name*
30.	年纪	（名）	niánjì	age
31.	方便	（形）	fāngbiàn	convenient
32.	为了	（介）	wèile	for
33.	照顾	（动）	zhàogu	to take care of
34.	感动	（形、动）	gǎndòng	moving, touching; to touch sb.'s heart
35.	关心	（动）	guānxīn	to show concern, care for
36.	客气	（形）	kèqi	polite

补充生词　Additional Words

1.	面（粉）	（名）	miàn(fěn)	flour
2.	大米	（名）	dàmǐ	rice
3.	鱼	（名）	yú	fish
4.	鸡蛋	（名）	jīdàn	egg
5.	蔬菜	（名）	shūcài	vegetable

四、注释 Notes

① "起来"的引申意义 The extended usage of 起来

复合趋向补语"起来"有一种引申意义，即表示动作开始并继续。如"笑起来""鼓起掌来""走起路来"。

The compound directional complement 起来 here indicates the beginning of an action and its continuation, e.g. 笑起来，鼓起掌来，走起路来.

② "又"表示两种情况同时存在 又 indicating that two conditions coexist

在课文里，表示谢大娘年纪大，儿子不在家两个原因同时存在。

In the text, 又 indicates that there are two coexisting reasons. One is that Aunt Xie was old, the other is that her son was not at home.

③ "不是…吗？"

用"不是…吗"的反问句，来强调肯定。如："不要找了，这不是你的表吗？"

不是…吗 is a kind of rhetorical question used to give emphasis to an affirmation, e.g. 不要找了，这不是你的表吗？

五、语法 Grammar

1. "把"字句（一） The 把-sentence (1)

"把"字句是动词谓语句的一种。试比较下列两组句子：

The sentence with 把 is a type of verbal-predicate sentence. Compare the following two groups of sentences:

$$(1)\begin{cases}\text{我作完了练习。}\\\text{他准备好了那篇学术报告。}\end{cases}$$

$$(2)\begin{cases}\text{我把练习作完了。}\\\text{他把那篇学术报告准备好了。}\end{cases}$$

两组句子表达的意思基本相同。第（1）组只是一般的叙述，第（2）组还有强调主语通过动作对宾语进行处置以及处置的结果的意思。当要强调说明动作对某事物有所处置时，就用"把"字句。"把"字句的词序如下：

主语——把——宾语（受处置的事物）——动词——其他成分（处置的结果）例如：

The above two groups of sentences are basically the same in meaning, but the first group of sentences are simple statements while the second group of 把- sentences emphasize "disposal" ——what is done to the object, or how it ends up as a result of this. The word order of the 把- sentence is as follows.

Subject—把—object (the thing disposed of) — verb — other elements (the result of disposal), e.g.

我把那篇小说翻译完了。

你把这些东西拿去吧。

2. 使用"把"字句要注意的事项 Points of attention when using the 把- sentence

（1）"把"的宾语在意义上就是主要动词的受事，一般它是说话人心目中已确定的。

The object of the preposition 把 is the receiver of the action expressed by the main verb.

The object is normally something specific and concrete.

（2）动词后一般带有"了""补语""宾语"或者动词本身重叠，说明怎样处置或处置的结果（不能带可能补语）。

The predicate verb is generally followed by 了, a complement, an object, or the repeated form of the predicate verb to indicate how something is handled or dealt with or the result of this. It cannot be followed by a potential complement.

（3）主要动词一定是及物的，而且是有处置意义的。有些动词，如"有""在""是""觉得""来""去"等，都不能作"把"字句的主要动词。

The main verb must be transitive, and it must imply disposal, so verbs like 有，在，是，觉得，来，去 etc. can not be used as the main verb of a 把- sentence.

3. 能愿动词和否定词在"把"字句中的位置，

The position of the auxiliary verb and the negative word in the 把- sentence

在"把"字句中，能愿动词和否定词都要放在"把"之前。如：

In the 把- sentence, the auxiliary verb or the negative word should be put before 把, e.g.

今天晚上有大风，应该把窗户关好。

我没把照相机带来，不能照相了。

六、练习 Exercises

1. 把下列句子改成"把"字句：

Change the following sentences into 把- sentences:

（1）他作完作业了。

（2）我没通知他开会的事。

（3）请你给丁文这个包。

（4）请你讲一下儿这个词的意思。

（5）他吃药了吗？

（6）张大娘扫了扫身上的雪。

（7）我们讨论讨论昨天听的报告吧！

（8）屋子里太热，应该打开窗户。

2. 把下列句子改成不带"把"的句子：
Change the following into 把- sentences:

（1）请你把这个句子分析一下儿。

（2）老大娘把孩子抱起来就走了。

（3）我把球借来了，我们去打球吧。

（4）天气冷了，他还没把冬天的衣服
找出来。

（5）外边下雨了，该把那几袋粮食扛
进去了。

（6）请同学们把书拿出来。

（7）张大娘病了，为了把大娘照顾
好，她这个星期天没休息。

（8）请你把这件礼物带给他，谢谢他对我们的关心和帮助。

3. 根据课文回答问题：
   Answer the questions on the text:

   （1）为什么李兰英想，她遇到的人可能是谢大娘的儿子？

   （2）为什么谢大娘听到外边有人说话，赶快从屋里走出来？

   （3）谢刚和李兰英，谁帮助了谁？

   （4）介绍一下课文里的三个人。

4. 把本篇课文改成小话剧。
   Change the text into a short play.

汉字表　Table of Chinese Characters

1	章	立
		早
2	通	甬
		辶
3	花	艹

		化	
4	抱	扌	
		包	
5	袋	代	
		衣	
6	粮	米	糧
		良（丶良）	
7	扛	扌	
		工	
8	搬	扌	
		般|舟	
		|殳	
9	扫	扌	掃
		彐	
10	析	木	
		斤	
11	互	一 工 互 互	
12	帮	邦|丰	幫
		|阝	

		巾	
13	助	且	
		力	
14	战	占	戰
		戈	
15	更	一 ㄅ 百 盲 亘 更 更	
16	困	口	
		木	
17	娘	女	
		良	
18	识	讠	識
		只	
19	李	木	
		子	
20	兰	、 ソ 丷 兰 兰	蘭
21	便	亻	
		更	
22	顾	厄 （ 一 厂 厈 厄 ）	顧
		页	

第三十八课　Lesson　38

他们把桌子搬到外边去了。
你把录音机放在这儿。

1. 他们把讲桌搬到外边去了。

病人，送，医院
粮食，扛，屋里
照片，寄，朋友那儿
汽车，开，长城
孩子，送，幼儿园

2. 请你把花儿摆在桌子上。

224

大衣，	放，	衣柜里
帽子，	挂，	衣架上
汽车，	停，	门口
这件事，记，		本子上

3. 请把<u>钢笔</u><u>还</u>给他。

这封信，	寄
这张照片，	送
这些水果，	带
这些钱，	交

4. 我们准备把<u>桌子</u>摆成<u>圆形</u>。

这篇文章，	翻译，	英文
这件事，	编，	故事
这儿，	布置，	会场
这些纸，	作，	花儿
这本小说，	改，	话剧

布 置 会 场

　　星期六下午，我们要和中国同学一起开联欢会。我们准备先座谈，互相交流一下学习经验，再表演节目，最后跳舞。联欢会在我们教室开。两点半，我们班同学都来了。哈利说：

　　"我们把会场布置一下吧。先把桌子摆一摆，大家看① 摆成什么样？"

　　"把桌子摆成圆形比较好。"

"讲桌放在哪儿呢？"

"把讲桌搬到外边去吧。"

"节目单贴在哪儿？"

"把它贴在黑板旁边。"

"安娜，劳驾，请把前边的窗户关一下。风太大，别把墙上的节目单刮下来。"

"黑板上写字吗？"

"要写。先把黑板擦一擦，写上② '联欢会'三个字。把粉笔交给汉斯，他写得好。"

"把录音机放在哪儿？"

"把它放在这张桌子上。先试一试……"

"座位摆好了吗？我们去把中国同学请来吧！"

"不用去了，"汉斯指着门口说，"你们看，他们来了。"

三、生词　New Words

1. 讲桌　（名）　jiǎngzhuō　lecture table
2. 病人　（名）　bìngrén　patient
3. 摆　（动）　bǎi　to put, to place
4. 大衣　（名）　dàyī　overcoat
5. 帽子　（名）　màozi　hat, cap
6. 衣架　（名）　yījià　coat hanger, clothes tree
7. 停　（动）　tíng　to stop
8. 记　（动）　jì　to write down, to record, to remember
9. 交　（动）　jiāo　to hand over, to hand in
10. 成　（动）　chéng　to become, to turn into
11. （圆）形　（名）　(yuán)xíng　(round) shape
12. 编　（动）　biān　to write, to compile
13. 布置　（动）　bùzhì　to arrange, to dispose
14. 会场　（名）　huìchǎng　meeting-place, conference hall
15. 改　（动）　gǎi　to change
16. 联欢会　（名）　liánhuānhuì　party, get-together

17.	座谈	（动）	zuòtán	to discuss
18.	交流	（动）	jiāoliú	to exchange
19.	经验	（名）	jīngyàn	experience
20.	单	（名）	dān	list
21.	贴	（动）	tiē	to paste, to stick
22.	黑板	（名）	hēibǎn	blackboard
23.	劳驾		láojià	Excuse me; May I trouble you . . .?
24.	擦	（动）	cā	to wipe, to clean
25.	粉笔	（名）	fěnbǐ	chalk
26.	它	（代）	tā	it
27.	座位	（名）	zuòwèi	seat
28.	指	（动）	zhǐ	to point

补充生词　Additional Words

1.	上衣	（名）	shàngyī	jacket, coat
2.	裤子	（名）	kùzi	trousers
3.	袜子	（名）	wàzi	sock(s), stocking(s)
4.	皮鞋	（名）	píxié	leather shoe(s)
5.	手套	（名）	shǒutào	glove(s)

四、注释　Notes

① "大家看摆成什么样？"

这里的"看"有观察并且加以判断的意思。

Here 看 means "observe and judge."

② "写上'联欢会'三个字"

"上"作结果补语，可以表示通过动作使某事物存在或附着于某处。例如："天气冷了，很多人都穿上了毛衣。"

上 used as a resultative complement indicates that sth. comes to be in a certain place through an action, e.g. 天气冷了，很多人都穿上了毛衣.

五、语法　Grammar

"把"字句（二）　The 把- sentence (2)

（1）　如果主要动词后有结果补语"到"和表示处所的宾语，说明受到处置的人或事物通过动作到达某地时，必须用"把"字句。例如：

The 把- construction must be used when the main verb is followed by the resultative complement 到 and an object indicating locality.　Such a sentence indicates the position that a person or thing occupies as a result of an action performed on it, e.g.

他把那个孩子送到了家。

他们把桌子搬到外边去了。

（2）　如果主要动词后有复合趋向补话和表示处所的宾语，一般要用"把"字句。例如：

230

The 把- construction should generally be used when the main verb is followed by a compound directional complement and an object indicating location, e.g.

他们把书架搬上楼去了。

他把汽车开进大门口来了。

（3） 如果主要动词后有结果补语"在"和表示处所的宾语，必须用"把"字句。例如：

The 把- construction must be used when the main verb is followed by the resultative complement 在 and an object denoting location, e.g.

玛丽把花儿摆在桌子上了。

他把汽车停在了学校门口。

（4） 如果主要动词后有结果补语"给"和表示对象的宾语，一般也用"把"字句。例如：

The 把- construction is normally used when the main verb is followed by the resultative complement 给 and an object denoting the recipient of the action, e.g.

请把这本词典交给丁文。

他把那些照片送给朋友了。

（5） 如果主要动词后有结果补语"成"和表示结果的宾语，说明受处置的人或事物通过动作成为什么时，必须用"把"字句。例如：

The 把- construction must be used when the main verb is

followed by the resultative complement 成 and an object which shows result. Such a sentence indicates what the person or thing has become as a result of the action or process it has undergone, e.g.

他把那本小说翻译成英文了。

你不要把休息的"休"写成身体的"体"。

六、练习　Exercises

1. 用"在"、"到"、"给"、"成"填空：
Fill in the blanks with 在, 到, 给 or 成：

（1）他们把讲桌都搬＿＿＿楼上去了。

（2）劳驾,请把地图挂＿＿＿这边墙上。

（3）下星期我准备把这些照片寄＿＿＿我朋友。

（4）这儿不能停车，请不要把汽车停＿＿＿门口。

（5）你能把这些中文句子翻译＿＿＿英文吗？

（6）下午我想把这件大衣送＿＿＿洗衣店去。

（7）他把帽子忘____这儿了，请你把帽子带____他，好吗？

（8）请同学们把这个句子改____"把"字句。

2. 用以下词语组成"把"字句，这些句子是考试时老师对学生提出的要求。

   Make sentences with 把, using the following groups of words. These sentences should form a list of instructions given by a teacher to the students who are about to take an exam.

   （1）书　　　　　放　　　　　桌子里

   （2）纸　　　　　笔　　　　　拿

   （3）名字　　　　日期（几月几日）写

   （4）问题　　　　看　　　　　清楚

   （5）回答　　　　写　　　　　问题后边

   （6）字　　　　　写　　　　　清楚

3. 星期六晚上，哈利要请同学到宿舍来玩儿。

   请你用给的词语组成"把"字句，帮助哈利布置一下屋子。

   Harry is going to invite his classmates over to his room on Saturday evening. Please use the 把-construction and the given words to make suggestions to help Harry to arrange things in the room.

(1) 床　　　　桌子　　　　椅子
　　书架　　　画儿　　　　照片
　　花儿　　　收录机　　　衣架
(2) 放　　　　摆　　　非　　　贴
　　搬

4. 根据课文回答问题：
Answer the questions according to the text:

(1) 星期六下午，你们班要组织什么
　　活动？

(2) 你们和中国同学的联欢会有哪些
　　内容？

(3) 你们把桌子摆成了什么样？

(4) 讲桌放在哪儿？

(5) 节目单贴在哪儿？

(6) 黑板上写字了吗？

(7) 黑板上写的什么字？谁写的？

(8) 录音机放在哪儿？

汉字表　Table of Chinese Characters

1	摆	扌 四 去		摆
2	帽	巾 冒		
3	停	亻 亭（丶 亠 𠧧 亠 亭 ）		
4	交			
5	形	开 彡		
6	编	纟 扁		编
7	布	ナ 巾		
8	置	罒 直		
9	改	己		

		攵	
10	联	耳	聯
		关	
11	座	广	
		坐	
12	流	氵	
		㐬 云	
		儿（丿 刀 儿）	
13	验	马	驗
		佥	
14	贴	贝	貼
		占	
15	板	木	
		反	
16	驾	加 力	駕
		口	
		马	
17	擦	扌	

		察	宀
			祭（ノ ク タ タ タ 癶 癶 祭
			祭 祭 祭）
18	粉	米	
		分	
19	它	宀	
		匕（乚 匕）	
20	指	扌	
		旨	匕
			日

第三十九课　Lesson 39

这座楼比那座楼高。
妹妹比弟弟小三岁。
他唱歌唱得比我好。

一、替换练习　**Substitution Drills**

1. 这座楼比那座楼高。

路	〔条〕，	宽
工人	〔个〕，	年轻
衣服	〔件〕，	合适
电话	〔个〕，	好用

2. 妹妹比弟弟小三岁。

大，	两岁
高，	一点儿
矮，	一些
胖（瘦），	一点儿

3. 今年的<u>小麦</u>产量比去年增加了<u>七千斤</u>。

粮食，	八千斤
水果，	五千斤
汽车，	一千辆
机器，	六百台

4. 他<u>唱歌</u>唱得比我<u>好</u>。

跑步，	快
看出，	多
写字，	好看
说汉语，	好

5. <u>农民的</u><u>生活</u>一天比一天<u>好</u>。

> 十一月的天气，冷
> 三月的天气，　　暖和
> 学过的生词，　　多
> 我们的学习，　　有进步

二、课文　Text

放假回农村

　　考完试以后，学校放假了。从前年春节到现在，我还没回过家。这次假期，我决定回家看看。

　　我家在农村，父亲和母亲都是农民。我有个弟弟，比我小两岁，中学毕业以后，在村里参加农业劳动。我还有个妹妹，她比弟弟小三岁，现在还在上学。

　　进了村子，我发现很多地方都变了样。村东新盖了几个工厂。村子中间的路，比以前宽了。路两边盖了不少新房子，比以前的房子漂亮得多。村里的小学也比以

前大了。我经过学校门口的时候，孩子们正在上课。

到家以后，先看到了弟弟。我觉得弟弟比前年又长高了一些，身体也比以前更健康了。弟弟告诉我，爸爸、妈妈身体都很好，他们去地里劳动了。听说大家都在劳动，我也拿了件工具，决定跟弟弟一起到地里去。

在路上，弟弟告诉我，今年小麦长得比去年好，每亩产量比去年增加了五十斤。村里办了不少工厂，农民的收入比以前增加了很多，生活一天比一天好。

我们说着话，已经来到了劳动的地方。

三、生词 New Words

1. 座 （量） zuò　a measure word for buildings, etc.

2. 比 （介） bǐ　a preposition showing comparison, than

3. 条 （量） tiáo　a measure word for long narrow trhings e.g. street, fish, trousers etc.

4. 宽 （形） kuān　wide

5. 年轻 （形） niánqīng　young

6. 合适 （形） héshì　suitable

7. 好用 （形） hǎoyòng　easy to use

8. 岁 （名） suì　age

9. 矮 （形） ǎi　short (in stature)

10. 胖 （形） pàng　fat

11. 瘦 （形） shòu　thin

242

12.	小麦	（名）	xiǎomài	wheat
13.	产量	（名）	chǎnliàng	output
14.	增加	（动）	zēngjiā	to increase
15.	千	（数）	qiān	thousand
16.	机器	（名）	jīqì	machine
17.	台	（量）	tái	*a measure word for engines, machines, etc.*
18.	考试	（名、动）	kǎoshì	examination; to test
19.	假期	（名）	jiàqī	vacation, holiday
20.	决定	（动）	juédìng	to decide
21.	中学	（名）	zhōngxué	middle school, secondary school
22.	村子	（名）	cūnzi	village
23.	上学		shàngxué	to go to school
24.	发现	（动）	fāxiàn	to discover
25.	变样		biànyàng	to change
26.	漂亮	（形）	piàoliang	pretty, beautiful
27.	小学	（名）	xiǎoxué	primary school
28.	经过	（动）	jīngguò	to pass through
29.	长	（动）	zhǎng	to grow
30.	地	（名）	dì	land

31.	工具	（名）	gōngjù	tool
32.	听说		tīngshuō	It is said that, (I am) told that
33.	亩	（量）	mǔ	*a measure word for land, equal to* $1/15$ *hectare*
34.	办	（动）	bàn	to set up
35.	收入	（名、动）	shōurù	income; to earn

补充生词 Additional Words

1.	暑假	（名）	shǔjià	summer vacation
2.	寒假	（名）	hánjià	winter vacation
3.	乡	（名）	xiāng	countryside
4.	区	（名）	qū	district
5.	县	（名）	xiàn	county

四、注释 Notes

副词 "还" ...... The adverb

（1） 表示动作或状态持续不变。如："妹妹还没放假。"
The adverb 还 shows that an action or a state remains unchanged, e.g. 妹妹还没有放假.

（2） 表示数量增加，范围扩大。如："我还有个妹妹。"
还 means "else" or "as well", e.g. 我还有个妹妹.

（3） 用于比较句，有"更加"的意思。如："你比他还高。"

还 in a comparative sentence means "even more", e.g. 你比他还高.

五、语法　Grammar

1. 用"比"表示比较 Comparison expressed by 比

用"比"表示比较时，一般格式是：

The general formula of the comparative sentence with the preposition 比 is:

A——比——B——差别　例如：

A——比——B——the difference e.g.

你比我高，我比你矮。

这个学校的学生比那个学校（的学生）多。

这种句子，在形容词前可以用上表示比较程度的副词"更""还"等。例如：

In the comparative sentence with 比, adverbs showing comparative degree such as 更 and 还, etc. can be used before the adjective, e.g.

这本词典比那本（词典）更好。

　　　　　　　（那本已经很好了）

弟弟比哥哥还高。（哥哥已经很高了）

形容词前不能用"很""非常""太"等程度副词，不能说"他比我很高""这个学校的学生比那个学校非常多"等。

Other adverbs of degree such as 很，非常，太 etc. cannot be used before the adjective in a comparative sentence with 比, so we cannot say 他比我很高，这个学校的学生比那个学校非常多，etc.

一般动词谓语句也可以用"比"表示比较。如：

In addition, 比 can also be used in the verbal predicate sentence to express comparison, e.g.

你比我更了解这里的情况。

现在的生活水平比以前提高了很多。

带程度补语的动词谓语句，"比"的位置如下：

The position of 比 in the verbal predicate sentence with a degree complement is as the following:

丁文比我来得早。

丁文来得比我早。

安娜写汉字比我写得好。

安娜写汉字写得比我好。

2. 数量补语 The complement of quantity

在用"比"的比较句中，如果要进一步指出两件事物具体的差别时，就可以用数量补语。例如：

In a comparative sentence with 比， if we want to point out a specific difference, we can use a complement of quantity, e.g.

弟弟比我小两岁。

这课的生词比上一课少五个。

如果要表示大概的差别程度，可以用"一点儿""一些"说明差别不大，用程度补语"多"说明差别很大。例如：

If we want to show an approximate difference, we use 一点儿 or 一些 to indicate a minor difference, and 多 to indicate a large difference, e.g.

妹妹比弟弟高一点儿。

这座山比那座山高得多。

如果谓语动词带程度补语，"一点儿""一些"和"多"等要放在程度补语之后。例如：

If the verb predicate is followed by a complement of degree, 一点儿, 一些 or 多 etc. should be put after this complement, e.g.

丁文比我来得早一点儿。

他唱得比我好得多。

3. "一天比一天"作状语 一天比一天 as an adverbial adjunct

"一天比一天"作状语，说明随着时间的前进，事物变化程度的递增。同样的结构还有"一年比一年"。例如：

一天比一天 used as an adverbial adjunct indicates the progressive change of something with the passage of time. 一年比一年 is constructed in the same way as 一天比一天, e.g.

他的身体一天比一天好了。

这个城市的建设一年比一年快。

六、练习　Exercises

1. 仿照例子，根据下列句子提问：
Ask questions according to the sentences given, following the example:

例　Example:

这座楼高三十米，那座楼高十五米。

这座楼比那座楼高吗？

这座楼比那座楼高多少？

（1）这座山高六千米，那座山高五千米。

（2）弟弟十八岁，妹妹十二岁。

（3）今年小麦每亩产量九百斤，去年每亩产量八百斤。

（4）这间房子宽四米，那间房子宽三米。

（5）我们学了七百个生词，他们学了一千个生词。

（6）这条路长十公里，那条路长十五

248

公里。

（7）这个剧场有两千个座位，那个剧场只有一千个座位。

（8）玛丽七点三刻到教室，安娜差五分八点到教室。

2. 根据句子的内容填空:
Fill in the blanks:

（1）小王、小张、小李三个人是朋友。小王最大，今年二十二岁。小李最小，今年十八岁。小张比小王小三岁，比小李大一岁。小张今年____岁。

（2）他家的小麦，今年亩产七百斤，比去年增加了五十斤。去年小麦亩产是____斤。

（3）第一中学比第二中学大。第一中学有九百个学生，第二中学有七百个学生。第二中学比第一中学少____学生。

（4）哈利作作业用了一个半小时，汉

斯作作业用了一小时二十分。哈利比汉斯多用了____。

（5）马丁一分钟能写二十个汉字，汉斯一分钟能写十八个汉字。马丁每分钟比汉斯可以多写____汉字。

（6）哈利身高一米八二，汉斯身高一米七九。

哈利比汉斯____，汉斯比哈利____。

3. 根据课文回答问题：
Answer the questions according to the text:

（1）前年冬天你回家了吗？去年你回没回家？

（2）今年你回家了吗？你是什么时候回家的？

（3）你家在城市吗？你家都有谁？他们作什么工作？

（4）这次回家，你发现村里哪些地方变了样？

（5）你经过学校门口的时候，孩子们正在作什么？

（6）你看到弟弟，觉得他变了吗？

（7）你为什么要跟弟弟一起到地里去？

（8）在路上弟弟对你说了些什么？

4. 阅读短文后回答问题：

Read the passage and answer the questions:

　　王军家有五口人：父亲、母亲、哥哥、妹妹和他。王军的父亲五十八岁，是个老师。母亲比父亲小，他们差四岁。父亲在第一中学工作，从家里出来，走十分钟就能到。母亲在友谊医院工作，坐车要坐十分钟。

　　哥哥是大学生，比王军大三岁。他是前年中学毕业的，毕业以后考进了北京大学，现在在北京大学学习中国历史。王军十七岁，明年中学毕业。毕业以后，他想考北京外语学院学法语。王军的妹妹比他小六岁，在小学学习，明年才上中学。

（1）王军的母亲多大年纪？

（2）王军的父亲在哪儿工作？母亲在哪儿工作？

他们两个谁工作的地方离家近？

（3）王军的哥哥多大？他在大学已经学习几年了？

（4）王军的妹妹多大？已经上中学了吗？

汉字表　**Table of Chinese Characters**

1	条	夂		條
		木		
2	宽	宀		寬
		卄		
		见		
3	适	舌（ ´舌）		適
		辶		
4	岁	山		歲
		夕		

5	矮	矢		
		委〔禾		
		女〕		
6	胖	月		
		半		
7	瘦	疒		
		叟〔由（丶 丨 𠃊 门 甶 由 由）		
		又〕		
8	麦	主		麥
		夊		
9	产	丶 丷 亠 产 立 产		產
10	量	日		
		一		
		里		
11	增	土		
		曾〔曲（丶 丷 丷 𭕄 甴 曲 曲 曲）		
		日〕		
12	千	丿 二 千		
13	器	吅		

253

		犬	
		罒	
14	考	耂	
		ㄎ（－ㄎ）	
15	决	冫	
		夬	
16	漂	氵	
		票	
17	具		
18	宙	宀	畝
		田	
19	入	丿入	

第四十课　Lesson　40

那个国家的面积有五十三万平方公里。
我们学校的女生占三分之一。

一、替换练习　**Substitution Drills**

1. 那个国家的面积有多大？

   那个国家的面积有<u>五十三万</u>

   （ 530,000 ）平方公里。

三十七万二千（ 372,000 ）
十四万（ 140,000 ）
五万六千（ 56,000 ）
七千七百（ 7,700 ）

2. 那个国家有多少人口？

   那个国家有<u>一千五百万</u>

   （ 15,000,000 ）人。

一亿一千万（110,000,000）

两千零八十万（20,800,000）

一百二十四万零三百（1,240,300）

二百二十七万三千（2,273,000）

3. 你们学校的女生占多少？

女生占<u>三分之一</u>（$\frac{1}{3}$）。

五分之二（$\frac{2}{5}$）

百分之六十（60%）

二分之一（$\frac{1}{2}$）

百分之三十一点五（31.5%）

4. 今年的<u>水果</u>产量比去年提高了多少？

今年的水果产量比去年提高了一倍。

布　　肉

牛奶　面包

蔬菜　汽车

二、课文　Text

（一）学生数目

A：这个学校有多少学生？

B：去年有七千五百个学生，今年有八千零五十个，比去年多了五百五十个。

A：建国以前这儿有几千学生？

B：没有几千，只有八百。现在学生的数目是建国前的十倍。

A：现在的学生里，有百分之多少是女生？

B：百分之三十。女生数目增加得比男生快。一九五〇年男生是女生的六倍，现在女生快占三分之一了。

A：建国后这个学校一共毕业了多少学生？

B：两万五千多。

A：以后这个学校的学生数目还会增加

吧？

B：当然。明年要增加到一万。

（二） 中 国

中华人民共和国在亚洲东部，面积九百六十多万平方公里，东西有五千公里长，南北长五千五百公里。中国的海岸线有一万四千多公里，差不多是东西长度的三倍。

长江和黄河是中国最大的两条河。长江全长有六千三百多公里，黄河长五千四百多公里。

中国的首都是北京。中国的人口超过十亿，差不多占世界人口的四分之一，是世界上人口最多的国家。

中国是一个多民族的国家，汉族占全国人口的百分之九十四，少数民族占百分之六。中国的少数民族有五十多个。

中国是发展中的国家。为了把自己的国家建设成一个现代化的社会主义强国，中国人民正在积极、努力地工作。

三、生词　New Word

1.	面积	（名）	miànjī	area
2.	万	（数）	wàn	ten thousand
3.	平方	（名）	píngfāng	square
4.	人口	（名）	rénkǒu	population
5.	亿	（数）	yì	a hundred million

6.	占	（动）	zhàn	to constitute, to make up
7.	…分之…		… fēnzhī …	formula for fractions
8.	点	（数）	diǎn	point, dot
9.	提高	（动）	tígāo	to raise, to improve
10.	倍	（量）	bèi	fold, times
11.	布	（名）	bù	cloth
12.	肉	（名）	ròu	meat
13.	牛奶	（名）	niúnǎi	milk
14.	蔬菜	（名）	shūcài	vegetable
15.	数目	（名）	shùmù	number
16.	建国	（动）	jiànguó	to liberate
17.	中华人民共和国	（专）	Zhōnghuá Rénmín Gònghéguó	the People's Republic of China
18.	亚洲	（专）	Yàzhōu	Asia
19.	海岸线	（名）	hǎi'ànxiàn	coastline
20.	长度	（名）	chángdù	length
21.	长江	（专）	Cháng Jiāng	the Yangtze River
22.	黄河	（专）	Huáng Hé	the Yellow River

23.	首都	（名）	shǒudū	capital
24.	超过	（动）	chāoguò	to surpass, to exceed
25.	民族	（名）	mínzú	ethnic group, nationality
26.	汉族	（专）	Hànzú	Han nationality
27.	少数民族		shǎoshù mínzú	ethnic minority
28.	发展	（动）	fāzhǎn	to develop
29.	…中		… zhōng	in, among
30.	现代化	（名）	xiàndàihuà	modernization
31.	社会主义	（名）	shèhuìzhǔyì	socialism
32.	强国	（名）	qiángguó	a powerful country

补充生词 Additional Words

1.	欧洲	（专）	Ōuzhōu	Europe
2.	非洲	（专）	Fēizhōu	Africa
3.	北美洲	（专）	Běi Měizhōu	North America
4.	拉丁美洲	（专）	Lādīng Měizhōu	Latin America
5.	大洋洲	（专）	Dàyángzhōu	Australia

四、语法 Grammar

1. 称数法（二） Numeration (2)

在第十六课称数法（一）里，介绍了汉语一到一百的称数法。一百以上的称数法见下表：

The numbers from 1 to 100 have already been taught in Lesson 16. The way of expressing numbers above 100 is shown in the following diagram:

在汉语中，数字达到"万"以上时，以"万"为单位。如100,000 读"十万"，10,000,000 读"一千万"，100,000,000 读"一万万"或"一亿"。数字达到"万万"以上时，以"亿"为单位。如"十亿""一百亿"等。具体读法举例如下：

In Chinese, 万 is used as the unit for any numbers from 万

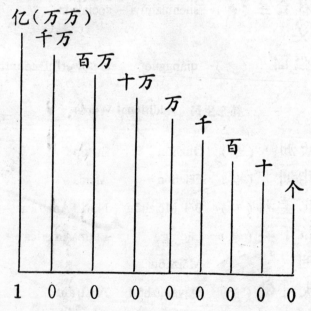

亿（万万）千万 百万 十万 万 千 百 十 个

1 0 0 0 0 0 0 0 0

to 亿, e.g. 100,000 is read as 十万, 10,000,000 as 一千万, and 100,000,000 as 一万万 or 一亿. 亿 is used as the unit for any numbers from 万万 up, e.g. 十亿, 一百亿 etc. Here are some examples showing how to express large numbers:

Note: If there are two or more consecutive zeroes used within a large number, only one zero is read out (as in examples 3,4), except when a large number is read numeral by numeral, in which case all the zeroes should be read out, e.g. 2003060 is read as 二零零三零六零.

(1) 345,678,912

三亿四千五百六十七
万八千九百一十二

(2) 1,536,000 一百五十三万六千

(3) 20,045,000 二千零四万五千

(4) 2,780,006 二百七十八万零六

要注意的是，在多位数中间有两个或两个以上的"0"连在一起时，只读一次"0"，如（3）（4）。但是直接读数字时，要把每个"0"都读出来。如"2003060"读成"二零零三零六零"。

2. 分数和百分数 Fraction and percentage
汉语里用"…分之…"表示分数，分母在前，分子在后。例如：

In Chinese, …分之… is used to show a fraction, with the denominator before the numerator, e.g.

$\frac{1}{2}$ 　　二分之一

$\frac{3}{4}$ 　　四分之三

$\frac{7}{12}$ 　　十二分之七

$\frac{13}{50}$ 　　五十分之十三

百分数就是分母为一百的分数，读时把"百分之"放在分子的前面。例如：

A percentage is a fraction in which the denominator is 100. In reading such a fraction, 百分之 comes before the numerator, e.g.

这个工厂的男工（男工人）占全厂工人的百分之二十（20％），女工占百分之八十（80％）。

他们学校的女生占全校学生的百分之三十（30％）。

3. 倍数　Multiple

数词后加上"倍"就表示倍数。例如：

A multiple is expressed by adding the word 倍 after the numeral, e.g.

二的四倍是八。

十五是三的五倍。

264

五、练习　Exercises

1. 读出并用汉字写出下列数字：
Read the following numbers and write them in Chinese:

(1)　465789312　　　30056000

　　763822495　　　20070080

　　2036000　　　　4057100

　　6087000　　　　5790003

(2)　$\dfrac{1}{5}$　$\dfrac{1}{2}$　$\dfrac{3}{4}$　$\dfrac{2}{15}$　$\dfrac{6}{17}$

　　$\dfrac{9}{22}$　$\dfrac{19}{50}$　$\dfrac{8}{17}$　$\dfrac{8}{41}$　$\dfrac{1.7}{100}$

　　$\dfrac{10}{100}$　$\dfrac{17}{1000}$　$\dfrac{21}{10000}$　$\dfrac{43}{100000}$

2. 填空：

Fill in the blanks:

（1）五万是五千的____倍。

（2）三百的八十倍是____。

（3）两万五千是二百的____倍。

（4）九百的三十倍是____。

（5）六十万是六亿的＿＿＿。

（6）四千八百万是四百八十万的＿＿＿倍。

（7）二千四百万的二分之一是＿＿＿。

（8）七千的三点五倍是＿＿＿。

3. 根据课文（二）回答问题：

Answer the questions according to Text 2:

（1）中国在世界的什么地方？面积是多少？

（2）中国的海岸线有多长？

（3）中国最大的两条河是哪两条？有多长？

（4）中国的人口有多少？占世界人口的几分之几？

（5）中国有多少个民族？汉族占全国人口的百分之几？少数民族占多少？

（6）中国是什么样的国家？

汉字表 Table of Chinese Characters

1	万	一　丁　万	萬
2	平		
3	亿	亻	億
		乙	
4	占		
5	之	丶　丷　之	
6	倍	亻	
		音　立	
		口	
7	布	ナ（一　ナ）	
		巾	
8	肉	内	
		人	
9	牛	丿　𠂉　二　牛	
10	奶	女	
		乃	
11	蔬	艹	

		疋（乛 乛 乛 疋 疋）	
12	菜	艹	
		采（ノ 丷 丷 丷 采 采）	
13	数	娄 米	數
		女	
		攵	
14	亚	一 丁 丌 𝚷 亚 亚	亞
15	洲	氵	
		州（丶 丿 刂 州 州 州）	
16	线	纟	綫
		戋	
17	江	氵	
		工	
18	首		
19	超	走	
		召	
20	族	方	
		矢	

		矢	
21	社	礻	
		土	
22	强	弓	
		虽（ 丶 口 口 虫 吕 吕 虽 虽 ）	

第四十一课　Lesson　41

这两件衣服颜色一样。
我跟他不一样高。

一、替换练习　Substitution Drills

1. 这两匹马颜色一样。

毛衣〔件〕	钢笔〔支〕
自行车〔辆〕	提包〔个〕

2. 我的收录机跟他的一样。

收音机	照相机
自行车	意见
办法	

3. 我跟他一样高。

（我跟他不一样高。）

这条河，	那条河，	长
这座山，	那座山，	高
我们班学生，	他们班，	多
这条街，	那条街，	宽
从这儿走，	从那儿，	远

4. 我要买<u>一支</u>跟那支一样的<u>钢笔</u>。

作一件，	衬衣
换一个，	耳机
借一本，	小说
买一个，	收音机

5. <u>弟弟有我</u>这么高。

那孩子，	桌子
那个衣柜，	门
主席台，	这座房子
那些树，	二层楼①

6. <u>这个</u><u>村子</u>没有<u>那个</u><u>村子</u>那么<u>大</u>。

这条路，	那条路，	宽
我的箱子，	你的箱子，	重
这匹马，	那匹马，	快
这篇文章，	那篇文章，	难
我的车，	他的车，	新

二、课文　Text

田　忌　赛　马

两千多年以前，齐国有个叫田忌的，最喜欢赛马。一天齐王对他说："听说你最近又买了几匹好马，我们再赛一赛，好不好？"

田忌知道自己的马没有齐王的好，上次赛马他就输了，可是齐王提出来比赛，他只好答应。

齐王和田忌的马都分三等：上等马、中等马、下等马。比赛一共进行三场，每一场用三个等级的马赛三次。谁输谁赢按照三场比赛的最后结果决定。

比赛开始了。第一场，田忌用同等级的马跟齐王的赛。同一个等级的马，田忌的都没有齐王的好，结果赛了三次都输了。齐王赢了第一场，心里非常高兴。

田忌输了第一场，心里很着急。他想，今天的比赛又要输了。这时候，田忌的一个朋友走过来，低声对他说："别着急，我有办法……"

第二场，齐王先出上等马，田忌用他

的下等马跟齐王赛。结果田忌当然输了。可是第二次比赛，当齐王出中等马时，田忌却②用了上等马。田忌的上等马比齐王的中等马跑得快，这次田忌赢了。第三次，田忌用中等马跟齐王的下等马赛，结果跟第二次一样，又赢了。

第三场，田忌用同样的方法，又赢了齐王。

最后的比赛结果，齐王一比二输给了田忌。

三、生词 New Words

1. 匹	（量）	pǐ	*a measure word for horses, mules, etc.*
2. 马	（名）	mǎ	horse
3. 一样	（形）	yíyàng	same
4. 办法	（名）	bànfǎ	method, way
5. 这么	（代）	zhème	such, so
6. 层	（量）	céng	layer, storey

7.	那么	（代）	nàme	such
8.	田忌	（专）	Tián Jì	Tian Ji, *a person's name*
9.	赛马		sài mǎ	horse-race
10.	齐国	（专）	Qíguó	the Qi State
11.	齐王	（专）	Qíwáng	King of the Qi State
12.	输	（动）	shū	to lose
13.	只好	（副）	zhǐhǎo	cannot but, can only
14.	答应	（动）	dāying	to agree, to answer
15.	分	（动）	fēn	to divide
16.	等	（名）	děng	grade, class
17.	上等	（形）	shàngděng	superior grade, first class
18.	中等	（形）	zhōngděng	medium grade
19.	下等	（形）	xiàděng	inferior grade
20.	等级	（名）	děngjí	grade, class
21.	赢	（动）	yíng	to win
22.	按照	（介）	ànzhào	according to
23.	结果	（名、动）	jiéguǒ	result; to end
24.	同	（形）	tóng	same
25.	心（里）	（名）	xīn(li)	(at) heart

26.	低声		dīshēng	in a low voice
27.	却	（副）	què	but, however
28.	同样	（形）	tóngyàng	same
29.	方法	（名）	fāngfǎ	method, way

补充生词　Additional Words

1.	牛	（名）	niú	ox, cow
2.	羊	（名）	yáng	sheep
3.	鸡	（名）	jī	chicken
4.	狗	（名）	gǒu	dog
5.	猫	（名）	māo	cat

四、注释　Notes

① "二层楼"

中国人习惯把楼房从地面起的底层叫一层，以上各层类推。
In Chinese, **the ground floor is known as the** first floor and
so on.

② 副词 "却"　The adverb 却

"却" 表示转折，比 "但是" "可是" 语气略轻。例如：
The adverb 却 indicates contrast.　It is slightly weaker than
但是 and 可是, e.g.

齐王出中等马时，田忌却用了上等马。

五、语法　Grammar

1. 用 "跟…一样" 表示比较　跟…一样　used to indicate

comparison

"一样"是形容词，可以作谓语。例如：

一样 is an adjective which can be used as a predicate, e.g.

这两件毛衣的颜色一样。

他们两个人的意见一样。

"跟…一样"常常用在一起，构成了一个固定格式。它可以作谓语、定语、状语等。例如：

跟…一样 is a fixed construction, which can be used as a predicate, an attributive or an adverbial adjunct, etc., e.g.

我的意见跟他的（意见）一样。

我要买一辆跟他那辆一样的自行车。

他写的汉字跟丁文写的一样好看。

2. "跟…一样"的否定 The negation of 跟…一样

"跟…一样"用"不"否定。"不"有两个位置。例如：

The negative form of 跟…一样 is constructed by putting 不 in either the following two positions:

我的意见跟他的不一样。

北京的天气不跟上海一样。

"不"放在"一样"前的情况更为常见。

不 before 一样 and after 跟 is more common.

3. 用"有"或"没有"表示比较 有 or 没有 used to indicate comparison

用"有"或"没有"表示比较时，格式如下：

The form of the comparative sentence with 有 or 没有 is as follows:

A——有——B——（这么或那么）——比较的方面

A——有——B——（这么 or 那么）the aspect to be compared

这种格式表示A在比较的方面达到了跟B一样的程度。这种方式的比较，否定式或疑问式更为常见。例如：

The idea expressed by this pattern is that A has reached the degree shown by B. The negative and interrogative forms are more common than the affirmative form, e.g.

妹妹有姐姐这么高了。

上海的夏天有北京这么热吗？

——上海的夏天没有北京这么热。

除形容词外，能够衡量程度的动词或能愿动词也可以用"有…"表示比较。例如：

Besides adjectives, those verbs and auxiliary verbs that can indicate degree can also take 有…to show comparison, e.g.

你有他那么喜欢听音乐吗？

我没有他那么会讲故事。

如果动词带程度补语，"有…"的位置和"比…"的位置一样。

If the main verb takes a complement of degree, the position of 有… is the same as that of 比…, e.g.

我来得没有他早。

他写汉字没有安娜写得好。

1. 用"跟…一样"或"跟…不一样"改写下列句子:
   Rewrite the following sentences with 跟…一样 or 跟…不一样:

   （1）今天的作业是造句，昨天的作业是写一篇故事。

   （2）这次运动会，她参加体操比赛，她妹妹也参加体操比赛。

   （3）这匹马是白色的，那匹马是黑色的。

   （4）白文二十岁，田力也二十岁。

   （5）我一小时走五公里，他一小时也走五公里。

   （6）我们这座楼有十层，他们那座楼有十二层。

   （7）新年联欢会上，他们班演了一个小话剧，我们班唱了两个中国歌。

   （8）现在他学汉语，我也学汉语，一年以后，他学中国音乐，我学中国历史。

2. 用表示比较的 "有…" 或 "没有…" 改写下列句子：
Rewrite the following sentences with 有… or 没有… to show comparison:

（1）这条河跟那条河一样宽。

（2）妹妹跟我一样高了。

（3）我的箱子比他的箱子重。

（4）我的办法比你的办法好。

（5）这间屋子很大，那间屋子不比这间小。

（6）哈利骑马骑得比我好。

3. 根据课文回答问题：
Answer the questions according to the text:

（1）《田忌赛马》是什么时候的故事？

（2）田忌最喜欢什么？齐王呢？

（3）齐王要跟田忌赛马，田忌想不想跟他赛？为什么？最后答应了没有？

（4）齐王和田忌赛马的方法是怎样

的？

（5）第一场比赛的结果怎么样？为什么会是这个结果？

（6）第二场谁赢了？怎么赢的？

（7）第三场谁赢了？怎么赢的？

（8）最后的比赛结果，谁输给了谁？

4. 阅读短文后回答问题：

Read the passage and answer the questions:

丁文坐火车回家过春节。到家以后，他发现（fāxiàn discover）他拿的提包不是他的。这个提包跟他的提包一样大，一样的颜色，都是黑的，上边写着一样的字——北京。但是这个提包比较新，没有他的那么旧，也比较重，没有他的那么轻。提包上的锁（suǒ lock）也不一样。丁文只好把提包送回车站，请那儿的同志帮助把自己的提包找回来。

丁文拿的提包跟他自己的提包有哪些地方一样？哪些地方不一样？

汉字表　Table of Chinese Characters

1	匹	一 厂 厂 兀 匹	
2	层	尸	層
		云	
3	田		
4	忌	己	
		心	
5	输	车	輸
		俞	
6	级	纟	級
		及	
7	赢	亡（丶 亠 亡）	贏
		口	
		飔 月	
		贝	
		凡（丿 几 凡）	
8	结	纟	結

		吉 士	
		口	
9	低	亻	
		氐（氐氐）	
10	却	去	
		卩	

第四十二课 Lesson 42

前边走过来一个人。
宿舍里搬走了两个同学。
雨越下越大。

一、替换练习 Substitution Drills

1. 桌子上放着很多书。

屋里，	摆，	花儿
墙上，	挂，	画儿
路上，	停，	马车
广场上，	站，	人
这儿，	住，	工人

2. 前边走过来一个人。

```
对面，跑， 马〔匹〕
北边，飞， 飞机〔架〕
前边，开， 火车〔列〕
那边，开， 汽车〔辆〕
```

3. <u>宿舍里</u><u>搬走</u>了两个同学。

```
教室里，搬出去，椅子〔把〕
墙上，  掉下来，照片〔张〕
我们班，病，   人〔个〕
```

4. <u>雨</u>越<u>下</u>越<u>大</u>。

```
雪，  下，  大
风，  刮，  大
人们，玩儿，高兴
大家，谈，  热闹
```

5. <u>农民的生活</u>越来越<u>好</u>。

我们学的生词，	多
我们学的语法，	复杂
课文内容，	深
他的身体，	好

二、课文　Text

南 辕 北 辙

这是中国的一个成语故事。

大路上过来一辆马车，车上坐着一个人，前边还有一个赶车的①。马车后边放着一只大箱子和一些别的东西。赶车的不停地赶，三匹马跑起来跟飞一样。看样子

286

他们要到很远的地方去。

路旁边走过来一位老人，对坐车的说："先生，您这么着急，要到什么地方去？"

"我要到楚国去。"车停下以后，坐车的这样回答。

听说他要去楚国，老人笑了笑，说："您走错了。楚国在南边，您怎么往北走呢？"

"那有什么关系！您没看见吗？这三匹马又高又大，跑起来快得很。"

"您的马虽然好，但这不是去楚国的路，怎么能到得了呢？"

"怕什么？"坐车的指着后边的箱子说，"我的箱子里放着很多钱。有这么多钱还怕到不了楚国吗？"

"您虽然有钱，可是，别忘了，您走的方向不对。这样会越走越远！"

坐车的听了，摇摇头说："没关系，您看，这个赶车的，身体好，技术高，能力特别强，别人都比不了他。"说完，他就让赶车的继续朝②前赶。三匹马越跑越快，一会儿，马车就看不见了。

虽然坐车的有很多好的条件，可是方向错了，结果只能离他要去的地方越来越远。

三、生词　New Words

1.	马车	（名）	mǎchē	horse carriage
2.	广场	（名）	guǎngchǎng	square
3.	飞	（动）	fēi	to fly
4.	架	（量）	jià	*a measure word for things with supports, stands or mechanisms*
5.	列	（量）	liè	*a measure word for things in rows or files*
6.	越⋯⋯越⋯⋯		yuè...yuè...	the more ... the more
7.	越来越	（副）	yuèláiyuè	more and more

8.	深 （形）	shēn	deep, profound
9.	南辕	nányuán	head in the wrong
	北辙	běizhé	direction, diametrically opposite
10.	赶（车）（动）	gǎn(chē)	to drive (a car)
11.	看样子	kànyàngzi	it looks like
12.	老人 （名）	lǎorén	old person
13.	先生 （名）	xiānsheng	gentleman, sir, Mr.
14.	楚国 （专）	Chǔguó	the Chu state
15.	这样 （代）	zhèyàng	like this
16.	有关系	yǒuguānxi	have ... to do with
17.	虽然 （连）	suīrán	although
18.	但（是）（连）	dàn(shì)	but
19.	了 （动）	liǎo	to end up
20.	怕 （动）	pà	to fear, to be afraid of
21.	方向 （名）	fāngxiàng	direction
22.	摇 （动）	yáo	to shake
23.	技术 （名）	jìshù	technique
24.	能力 （名）	nénglì	ability
25.	强 （形）	qiáng	strong

26.	别人	（代）	biérén	others, another person
27.	继续	（动）	jìxù	to continue
28.	朝	（介）	cháo	towards
29.	条件	（名）	tiáojiàn	condition

四、注释　Notes

① "赶车的"

"赶车的"意思是"赶车的人"。这种"动词＋宾语＋的"构成的"的字结构"，相当一个指人的名词。如："坐车的""卖票的"等。

赶车的 means 赶车的人. The 的-construction, which is composed of V + O + 的, is equivalent to a personal noun, e.g. 坐车的, 卖票的, etc.

② 介词"朝"　The preposition 朝

"朝"表示动作所对的方向。"朝…"只能用在动词前，如"朝我看""朝东走"。"朝"与"往"的意思差不多。但"往"必须跟表示方位、处所的词语组合，不能直接跟表示人或物的名词组合，不能说"往我看"。

The preposition 朝 indicates the direction of an action. It can only be used before a verb, e.g. 朝我看, 朝东走. 朝 is more or less the same as 往, but 往 must be followed by a word indicating direction or place, and it cannot govern directly a noun or pronoun which refers to a person or a thing. Thus we cannot say 往我看.

五、语法 Grammar

1. 存现句 The existential sentence

"存现句"是表示人或事物存在、出现或消失的动词谓语句。
"存现句"的谓语动词主要不是说明动作，而是要说明人或事物
在某处或某时以怎样的方式存在、出现或消失。

The sentence showing existence is a kind of verbal-predicate
sentence. Instead of expressing action, however, it mainly
tells where, when or how sb. or sth. exists, appears or disappears.

这种句子的词序是：

The word order of the sentence is:

处所词（或时间词）——动词——表示人或事物的名词

Place word (or time word) —verb—the noun referring to sb.
or sth.

例如：e.g.

桌子上放着一个收音机。

前边开过来一辆汽车。

昨天来了两个新同学。

要注意的是：Points for attention:

（1）除少数句子外，动词后一般都有其他成分，如
"了"、"着"补语等。

The verb is usually followed by another element such as 了,
or a complement, etc., with only a few exceptions.

（2）动词后面表示存在、出现或消失的人或事物一般是
不确指的。

The person or thing after the verb indicating existence,

appearance, or disappearance, is usually indefinite.

2. "越…越…"格式　The construction 越…越…

"越…越…"表示程度随条件的发展而发展。例如：

The construction 越…越… indicates that sth. changes by degrees as a relevant condition changes, e.g.

他很着急，所以越走越快。

这种音乐真好听，我越听越爱听。

3. "越来越…"　The construction 越来越…

"越来越…"表示程度随着时间的推移而发展。例如：

The construction 越来越…indicates that sth. changes with the passage of time, e.g.

快到冬天了，天气越来越冷。

他说汉语说得越来越好了。

六、练习　Exercises

1. 完成下列存现句：

Complete the following existential sentences：

（1）墙上贴着＿＿＿。

（2）楼上掉下来＿＿＿。

（3）学校里开出来＿＿＿。

（4）＿＿＿几辆马车。

（5）＿＿＿一个收音机。

（6）＿＿＿几位学生代表。

（7）剧场门口停着＿＿＿。

（8）＿＿＿一些人。

2. 用给的词组造句：
Make sentences with the given words:

（1）越喝越喜欢喝

（2）越来越少

（3）越走越快

（4）越来越高

（5）越来越胖

（6）越学越觉得容易

3. 根据课文回答问题：
Answer the questions according to the text:

（1）《南辕北辙》是一个什么故事？

（2）大路上过来一辆什么车？坐车的要到哪儿去？

（3）这辆车有几匹马？跑得快不快？

（4）坐车的往北走还是往南走？他要去

的地方在北边还是在南边？

（5）坐车的人说，他有哪些好条件？

（6）坐车的到得了楚国吗？为什么？

4. 把课文改成小话剧。
   Change the text into a short play.

汉字表　Table of Chinese Characters

1	列		
2	越	走	
		戉（一 匚 匟 戉 戉）	
3	深	氵	
		罙（丶 冖 冖 罙 罙）	
4	辕	车	辕
		袁土	
		口	
		衣（丿 亻 仒 衣）	
5	辙	车	辙
		育	
		攵	

6	虽			雖
7	怕	忄		
		白		
8	向	冂		
		口		
9	摇	扌		
		䍃 爫（ ノ ⺍ ⺌ 爫 ）		
		缶（ ノ ⺈ ⺧ 午 缶 缶 ）		
10	朝	卓（ 十 古 卓 ）		
		月		
11	继	纟		繼
		迷 米		
		乚		
12	续	纟		續
		卖		

第四十三课　Lesson　43

他的练习作完了。
我的词典让他借走了。
那个病人被大夫救活了。

1. 他的练习作完了。

衣服，	洗干净
成绩，	提高
腿，	撞伤
伤，	治好

2. 我的词典让（叫）他借走了。

自行车，	借去
录音机，	拿去
毛衣，	穿去
马，	骑走

3. 那个病人被大夫救活了。

路上的雪，	风，	刮走
他的情况，	游泳教练，	发现
那辆汽车，	我哥哥，	开走
刘向东，	汽车，	撞伤

4. 他被派到外国去学习了。

请到主席台上去
送进业余体育学校去学习
选到国家代表队去

5. 墙上的画儿没有被风刮掉。

我的提包，	人，	拿错
那些东西，	他，	扔掉
刘向东，	困难，	吓倒

二、课文 Text

不平常的运动员

刘向东十岁的时候，有一次过马路，被汽车撞伤了。他伤得很重，立刻被送进了医院。经过大夫们的努力，向东被救活了。但是他的右腿却失掉了。

刚刚十岁，只有一条腿，怎么生活下去呢？小向东是个有毅力的孩子，他没有被困难吓倒。慢慢地，他自己学会了走路，生活上也不要家里人照顾了。

向东从小就喜欢游泳。现在父母不许他再游了。可是他还是常常一个人到河里去游。有一次，他游到河中心，力气用完了，游不回来了，后来，让一位运动员救了上来。

此后，刘向东更加努力练习游泳。过了几年，他游得差不多跟正常人一样快了。

刘向东的情况，被一位游泳教练发现了。教练让他进了业余体育学校。经过几年的训练，他的游泳成绩提高了很多。

有一年，亚洲举行残疾人运动会，刘向东被选进国家代表队，参加游泳比赛。比赛中，他用了全身的力气，最后得了第一名。当奖章挂在他身上的时候，他激动得流出了眼泪①。

三、生词　New Words

1.	成绩	（名）	chéngjī	achievement
2.	撞	（动）	zhuàng	to hit, to bump into
3.	伤	（动）	shāng	to wound, to injure
4.	让	（介）	ràng	by, *precedes agent in passive voice sentence*
5.	叫	（介）	jiào	*precedes agent in passive voice sentence*, by
6.	被	（介）	bèi	*indicates passive voice*
7.	救	（动）	jiù	to save
8.	活	（动、形）	huó	to live; alive
9.	游泳	（动）	yóuyǒng	to swim, swimming
10.	游	（动）	yóu	to swim
11.	教练	（名）	jiàoliàn	coach
12.	刘向东	（专）	Liú Xiàngdōng	Liu Xiangdong, *a person's name*
13.	派	（动）	pài	to send
14.	业余	（形）	yèyú	amateur, sparetime
15.	选	（动）	xuǎn	to select

300

16.	代表队	（名）	dàibiǎoduì	(sports) team
17.	扔	（动）	rēng	to throw
18.	吓	（动）	xià	to frighten
19.	平常	（形）	píngcháng	ordinary
20.	马路	（名）	mǎlù	road, street
21.	失掉	（动）	shīdiào	to lose
22.	毅力	（名）	yìlì	will power, fortitude
23.	许	（动）	xǔ	to allow
24.	还是	（副）	háishì	still
25.	中心	（名）	zhōngxīn	centre
26.	力气	（名）	lìqi	strength
27.	后来	（名）	hòulái	later
28.	此后	（连）	cǐhòu	hereafter
29.	更加	（副）	gèngjiā	even more
30.	正常	（形）	zhèngcháng	normal
31.	训练	（动）	xùnliàn	to train
32.	残疾人	（名）	cánjīrén	handicapped person
33.	全身	（名）	quánshēn	whole body
34.	奖章	（名）	jiǎngzhāng	medal
35.	激动	（动）	jīdòng	to stir, to be excited

36.	流	（动）	liú	to flow
37.	眼泪	（名）	yǎnlèi	tears

补充生词 Additional Words

1.	冠军	（名）	guànjūn	champion
2.	亚军	（名）	yàjūn	runner-up
3.	金牌	（名）	jīnpái	gold medal
4.	银牌	（名）	yínpái	silver medal
5.	铜牌	（名）	tóngpái	bronze medal

四、注释 Notes

① 复杂的程度补语 动词结构或主谓结构等也可以充任程度补语。如："他激动得流出了眼泪。""他说得大家都笑起来了。"

The complex complement of degree: A verbal construction or subject-predicate construction can also be used as a complement of degree, e.g. 他激动得流出了眼泪；他说得大家都笑起来了.

五、语法 Grammar

1. 意义上的被动句 The sentence with an implied passive voice

汉语中有的句子主语是受事，这种意义上的被动句在形式上跟主语是施事的句子没有区别。例如：

In some Chinese sentences the subject is the recipient of the action. Such sentences, though passive in meaning, are no different in form from sentences with the subject as the agent of the action, e.g.

那篇文章已经写完了。

他的成绩提高了很多。

这种受事主语句，在日常生活中用得很多。受事主语一般是确指的事物。

This kind of sentence, with the subject as the recipient of an action, is widely used in everyday conversation. The recipient subject usually refers to a specific thing.

2. "被" 字句　The 被- sentence

用介词 "被" "让" "叫" 表示被动意义的句子，叫 "被" 字句。这种句子的谓语动词一般总带其他成分，说明动作的结果、程度、时间等。词序一般是：

The construction with 被，让 or 叫 carries a passive meaning. The predicate verb is usually followed by other elements indicating the result, degree or time of the action. The word order of such a sentence is as follows:

主语（受事）——让——介词的宾语（施事）—动词—其他成分
　　　　　　　　叫

被
Subject (the recipient) —让— object of preposition (the a-
　　　　　　　　　　　　叫
gent) — verb—other elements

"被" 多用于书面语，口语中常用 "让" "叫"。如：

被 is mostly used in written language while 让 or 叫 is

often used in spoken language, e.g.

我的照相机叫弟弟拿走了。

他被教练选进了业余体育学校。

刘向东让汽车撞伤了。

如果施事是不必或不能说出的，就可以略去施事或用泛指的"人"代替。例如：

The agent may be omitted or replaced by an indefinite 人 when it is unnecessary or inappropriate to mention it, e.g.

他被选进了国家代表队。

那本小说让人借走了。

如果句中有否定副词或能愿动词，要放在"被、让、叫"前面。例如：

If there is a negative adverb or auxiliary verb, it should be placed before 被，让 or 叫，e.g.

那本小说没让人借走。

六、练习 Exercises

1. 把下列被动句改为主动句：

Change the following passive sentences into active sentences:

（1）我的《成语故事》让他借走了。

（2）那个病人被大夫救活了。

（3）他父亲让业余体育学校请去作教练了。

（4）黑板上的字让我擦掉了。

（5）杯子里的茶让他喝完了。

（6）那些旧书让他母亲卖了。

（7）他的腿被汽车撞伤了。

（8）那棵小树没有被风刮倒。

2. 把下列句子改成被动句：
Change the following sentences into passive sentences:

（1）学校派那个青年出国了。

（2）他姐姐把那块很漂亮的布作成衬衣了。

（3）一位运动员把那个孩子从河里救上来了。

（4）他把那些没用的东西都扔了。

（5）他已经把那些椅子搬到楼上去了。

（6）他没把那辆马车送回去。

（7）王毅已经把那个故事改成话剧了。

（8）他把运动会得的奖章交给教练了。

3. 根据课文回答问题：
   Answer the questions according to the text:

   （1）十岁的时候，刘向东是怎么撞伤的？

   （2）刘向东被汽车撞得重不重？他的伤治好了吗？

   （3）失掉了一条腿，刘向东生活上有很多困难，他被困难吓倒了吗？

   （4）刘向东从小喜欢什么体育运动？失掉一条腿以后，他还进行这样的运动吗？

   （5）有一次游泳的时候，发生了什么情况？

   （6）过了几年，刘向东的游泳技术提高了吗？为什么？

   （7）刘向东在什么比赛中得了第一名？

   （8）他得了奖章，为什么哭了？

汉字表　Table of Chinese Characters

1	绩	纟		績
		责|圭		
		|贝		
2	撞	扌		
		童|立		
		|里		
3	伤	亻		傷
		勿（丿 𠃌 勿）		
4	被	衤		
		皮（一 𠂢 皮 皮）		
5	救	求		
		攵		
6	游	氵		
		斿|方		
		|孑		
7	泳	氵		
		永（丶 𠄌 𣱲 永 永）		

8	刘	文		劉
		刂		
9	派	氵		
		辰（一 厂 厂 厂 辰 辰 辰）		
10	余	人		餘
		禾（一 禾）		
11	选	先		選
		辶		
12	扔	扌		
		乃		
13	吓	口		嚇
		下		
14	失	丿 一 二 生 失		
15	毅	豕（丶 亠 二 立 产 产 亨 亨 豙 豙）		
		殳		
16	许	讠		許
		午		
17	此	止		
		匕		

18	训	讠	训
		川	
19	残	歹	残
		戋	
20	疾	疒	
		矢	
21	奖	丬	奖
		大	
22	激	氵	
		敫 身（白身）	
		攵	
23	眼	目	
		艮	
24	泪	氵	泪
		目	

309

第四十四课　Lesson　44

今天的会一开完，我就回家。

除了他学英语以外，我们都学汉语。

一、替换练习　Substitution Drills

1. 他一着急就说不出话来。

| 脸红 |
| 吃不下饭 |
| 睡不好觉 |

2. 除了汉英词典以外，我还有一本新华字典。

收音机，	录音机〔个〕
拼音字母表，	汉字笔画表〔张〕
红铅笔，	蓝铅笔〔支〕
英文小说，	法文小说〔本〕

3. 除了少数汉字以外，多数都是由几个部

<u>分</u>组成的。

```
不同的笔画
部首和别的部分
```

4. 除了他<u>学英语</u>以外，我们都<u>学汉语</u>。

```
会修理灯，    不会
不去旅行，    去
已经结婚，    没结婚
汉语水平高，  水平很低
```

5. 这些<u>生词</u>应该一<u>个</u>一个地<u>查</u>。

```
问题，个，解决
困难，个，克服
意见，个，研究
事情，件，办
机器，台，检查
```

6. <u>条条</u>意见都很<u>正确</u>。

间，	屋子，	干净
个，	箱子，	重
篇，	文章，	好
张，	画片，	好看
个，	学生，	努力

7. 她累了，应该<u>早早儿</u>地<u>睡觉</u>。

好好儿，	休息休息
舒舒服服，	躺一会儿
安安静静，	睡一会儿

二、课文　Text

学 会 查 字 典

上课的时候，一遇到不认识的字，我们就问老师。可是自学的时候，有了不认识或者不会写的字，我们该怎么办呢？那就问一问不会说话的老师—字典。

汉语字典或者词典，有哪几种常见的

312

查字方法呢？如果知道某个字的拼音和声调，想知道它怎么写；或者只知道某个词的发音，不知道它的意思，那么就可以用音序查字法。这就是按照汉语拼音字母的顺序，找出某个字的页数。这种方法，跟查英文、法文词典的方法是一样的。

我们看中文书，书上的字不可能个个都认识。如果遇到生词，不会读，也不知道意思，就可以用笔画查字法。汉字看起来虽然复杂，但是每个字都是由一定数量的笔画组成的。查字的时候，先数一数这个字的笔画，然后去查检字表。这个表上列着字典里所有的汉字，笔画少的在前，笔画多的在后。在表上查到你要找的字，再看一看页数就可以找到了。

除了上边的两种方法以外，还有部首查字法。什么叫部首呢？汉字是由一个或者几个部分组成的，有些汉字都有一个相同的部分，例如"江、河、海"等都有"氵"，"树、椅、桌"等都有"木"，"打、抱、握"等都有"扌"…。"氵""木""扌"等就叫部首。查字的时候，先看看它是哪一部，然后按照笔画的多少，就可以在这一部查到这个字。

查字典有几种不同的方法，只要好好学，好好记，多多练习，就一定能很快掌握。学会查字典，等于有了一个天天跟你在一起的老师。

三、生词　New Words

1. 一…就…　　　jī…jiù…　　　(indicating close succession of two actions)

2. 除了…以外　　chúle…yǐwài　besides, except

3. 字典　（名）　zìdiǎn　　　dictionary

4. 拼音字母　　　pīnyīnzìmǔ　phonetic alphabet

5. 表　　（名）　biǎo　　　　table, form

6. 笔画	（名）	bǐhuà	stroke(s) of a character
7. 多数	（名）	duōshù	majority
8. 由	（介）	yóu	**by**, for
9. 部分	（名）	bùfen	part
10. 组成	（动）	zǔchéng	to compose
11. 部首	（名）	bùshǒu	character radical
12. 修理	（动）	xiūlǐ	to repair
13. 灯	（名）	dēng	light, lamp
14. 结婚		jiéhūn	to marry; marriage
15. 水平	（名）	shuǐpíng	level, standard
16. 低	（形）	dī	low
17. 查	（动）	chá	to look up, **to** check
18. 解决	（动）	jiějué	to solve
19. 克服	（动）	kèfú	to overcome
20. 研究	（动）	yánjiū	to study, to do research
21. 事情	（名）	shìqing	matter, thing
22. 正确	（形）	zhèngquè	correct
23. 累	（动）	lèi	to be tired
24. 躺	（动）	tǎng	to lie
25. 自学	（动）	zìxué	to study by oneself, to teach oneself

26.	种	（量）	zhǒng	sort
27.	如果	（连）	rúguǒ	if
28.	某	（代）	mǒu	certain
29.	声调	（名）	shēngdiào	tone
30.	音序	（名）	yīnxù	phonetic order
31.	顺序	（名）	shùnxù	order
32.	页	（名）	yè	page
33.	读	（动）	dú	to read
34.	一定	（形）	yídìng	fixed, specific
35.	数量	（名）	shùliàng	quantity
36.	数	（动）	shǔ	to count
37.	然后	（副）	ránhòu	then
38.	检字表	（名）	jiǎnzìbiǎo	the index of Chinese characters
39.	列	（动）	liè	to list, arrange
40.	所有	（形）	suǒyǒu	all
41.	相同	（形）	xiāngtóng	same
42.	例如	（动）	lìrú	for example
43.	海	（名）	hǎi	sea
44.	木	（名）	mù	wood
45.	只要	（连）	zhǐyào	so long as

| 46. | 掌握 | （动） | zhǎngwò | to grasp, to master |
| 47. | 等于 | （动） | děngyú | to be equal |

补充生词　Additional Words

1.	笔顺	（名）	bǐshùn	stroke order
2.	偏旁	（名）	piānpáng	radical
3.	目录	（名）	mùlù	catalogue, list
4.	前言	（名）	qiányán	foreword
5.	附录	（名）	fùlù	appendix

四、语法　Grammar

1.　"一…就…" 格式　The construction 一…就…

"一…就…" 可以表示两件事紧接着发生。例如：

The construction 一…就… may be used to indicate that two things happen consecutively, e.g.

他一到，车就开。

这个歌他一听就会。

"一…就…" 还可以表示条件。例如：

The construction 一…就… can also indicate that one circumstance is conditional upon another, e.g.

他一着急，脸就红。

317

我一喝酒，就头疼。

2. 复句 The compound sentence

复句是由两个或两个以上意义有关联的单句组成的。组成复句的每个单句叫分句。分句之间的关系有的用关联词语来表示。例如：

The compound sentence is composed of two or more related clauses. The relationship of the clauses may be expressed by a correlative word, e.g.

学校一放假，我们就去旅行。

虽然坐车的有很多好条件，但是方向错了，结果离他要去的地方越来越远。

有的复句不用关联词语，通过上下文来表示分句之间的关系。例如：

Often there is no correlative word, so relationship of the clauses must be deduced from the context, e.g.

这个句子语法太复杂，我不会分析。

3. "除了…以外" The construction 除了…以外

（1） "除了…以外"表示加合关系，后面常有副词"还""也"或"又"等。例如：

The construction 除了…以外 means "in addition to". It is often used together with the adverb 还，也 or 又 etc., e.g.

除了这种方法以外，还有一种方法。

这篇文章除了内容深以外，语法也很

复杂。

（2）"除了…以外"表示排除关系,后面常有副词"都"。例如:

除了…以外, often used together with the adverb 都, means "except", e.g.

除了他以外，我们都去过南京。

她除了晚上在家以外，别的时间都在学校。

4. 量词或数量词重叠 The duplication of a measure word or numeral-measure word

量词重叠有"每"的意思，它一般只修饰主语。谓语中常有副词"都"。例如:

The duplication of a measure word means "each" （每） and it can usually modify only the subject. The adverb 都 is often used in the predicate of this kind of sentence, e.g.

个个学生都很努力。

间间屋子都很干净。

少数有量词性质的名词也能重叠，作用和量词重叠一样。例如:

A few nouns, which possess the nature of a measure word, can be duplicated, and their function is the same as that of a duplicated measure word, e.g.

听了这个消息，人人都很高兴。

数量词也可以重叠，重叠后作用有二：

A numeral-measure word can be duplicated too, and its functions are as follows:

（1） 作状语，说明动作的方式：

As an adverbial showing the manner of an action.

他把箱子一个一个地搬下来了。

他们两个两个地练习问答。

（2） 作定语，表示个体的罗列：

As an attributive showing the enumeration of specific things.

书架上放着一本一本的新书。

一辆一辆的汽车停在学校门口。

5. 形容词重叠　The duplication of an adjective

一部分形容词可以重叠，重叠后一般表示性质、状态的程度加深。单音节形容词重叠，第二个音节常变为第一声并儿化。双音节形容词重叠以音节为单位，即按"ＡＡＢＢ"式重叠。单音节形容词重叠作状语，"地"可有可无；双音节形容词重叠作状语，一般需要加"地"。例如：

Some adjectives can be duplicated to indicate a high degree of a certain quality. When a monosyllabic adjective is duplicated, the second syllable is often pronounced in the lst tone and retroflexed. When a disyllabic adjective is duplicated, its duplicated form is AABB. When a duplicated monosyllabic adjective is used as an adverbial, 地 is optional; but with a duplicated disyllabic adjective, 地 must be used, e.g.

你明天早早儿（地）来，我们一起去长城。

孩子们高高兴兴地到公园去了。

"好"重叠作状语，表示很多种意思。例如：

The duplicated 好 as an adverbial has different meanings, e.g.

你太累了，应该好好儿休息。（很好地）

我们应该好好儿学习。（努力地）

这个问题很重要，要好好儿研究。（认真地）

五、练习　Exercises

1. 用括号里的词语完成句子：

   Complete the sentences with the given words in parentheses:

   （1）　查字典有几种方法，＿＿＿＿＿，还有部首查字法和笔画查字法。（除了…以外）

   （2）　他只会一种外语，＿＿＿＿＿，别的都不会。（除了…以外）

   （3）　这个学校＿＿＿＿＿，还有很多外

国留学生。（除了…以外）

（4）　今天的会，_____，别的问题都不讨论。（除了…以外）

（5）　天气_____，他的腿就疼。（一…就…）

（6）　他已经一年多没回家了，这次事情一办完，_____。（一…就…）

（7）　虽然这个字的笔画比较多，_____。（虽然…但是）

（8）　_____，但是他不觉得累。（虽然…但是…）

（9）　说汉语的时候，要是声调不正确，_____。（要是…就）

（10）　_____，用音序查字法就比较容易了。（要是…就）

2. 选择下列的词重叠后填入句子空格中：

Fill in the blanks with the duplicated form of the given words:

匹　　篇　　黑　　红　　人

一个　　一包　　热闹　　整齐

322

（1）　星期六晚上，我们＿＿地组织了
　　　一场舞会。

（2）　他的女儿，＿＿的头发，＿＿的
　　　脸，穿着新衣服，非常漂亮。

（3）　这几匹马，＿＿都跑得很快。

（4）　窗户旁边的书架上，＿＿地放着
　　　很多书。

（5）　他的汉语水平很高，＿＿文章都
　　　翻译得不错。

（6）　这些问题应该＿＿地研究，＿＿
　　　地解决。

（7）　桌子上放着＿＿的礼物，这些都
　　　是大家带来的。

（8）　这种方法不难，＿＿都可以学会。

3. 用重叠的量词或形容词改写句子：
Rewrite the following sentences with the duplicated form of
the measure words or adjectives:

（1）　春节到了，每家都非常高兴地在
　　　一起过节。

（2）　每年都有很多外国留学生来这个

学校学习。

(3)　商店里挂着的大衣，每件都很漂亮。

(4)　他每个月都给家里写信。

(5)　他用很简单的几句话就把这个句子的意思讲清楚了。

(6)　这几张纸上每一页都写着他的名字。

(7)　没想到这个问题很容易地解决了。

(8)　孩子们穿着很干净的衣服在门口欢迎客人。

4. 根据课文回答问题：

Answer the questions according to the text:

(1)　上课的时候遇到不认识的字可以怎么办？

(2)　自学的时候遇到不认识的字怎么办呢？

(3)　汉语字典常见的查字方法有哪几种？

（4） 在什么情况下用音序查字法？怎么查？

（5） 在什么情况下用笔画查字法和部首查字法？

（6） 用笔画查字法怎么查字？

（7） 什么叫部首？请用例子讲一讲。

（8） 用部首查字法怎么查字？

（9） 怎么样才能很快地掌握查字典的方法？

汉字表 **Table of Chinese Characters**

1	除	阝	
		余	
2	拼	扌	
		并	
3	由		
4	修	亻	
		彡	夂
			彡

5	理	王		里
		里		
6	婚	女		
		昏	氏	
			日	
7	克	十		
		兄		
8	确	石		確
		角		
9	累	田		
		糸		
10	躺	身		
		尚		
11	种	禾		種
		中		
12	如	女		
		口		
13	某	甘（一 十 卄 甘 甘）		
		木		

326

14	调	讠	調
		周（丿 冂 冑周）	
15	序	广	
		予（丶 ⺊ 乊予）	
16	顺	川	順
		页	
17	读	讠	讀
		卖	
18	检	木	檢
		佥	
19	例	亻	
		列	
20	木		
21	于	一 二 于	

语 法 复 习 提 纲

Outline Grammar for Review

一、词的部分 Words

词类 **Parts of speech**

1. 名词 Nouns

信	海	杂志	学校
中国	英国	北京	长城
经验	技术	消息	情况
昨天	以前	外边	中间

少数名词可以重叠，表示"每"的意思。
A small number of nouns can be duplicated to indicate 每 (every).

人人	天天	家家	年年

2. 代词 Pronouns

(1) 人称代词 Personal pronouns

我　　你　　他　　她们　　自己

(2) 疑问代词 Interrogative pronouns

谁　　什么　　哪儿　　怎么　　怎么样

(3) 指示代词 Demonstrative pronouns

这　那　这儿　　那儿　　这么　　那么

3. 动词 Verbs

听　说　写　觉得　进行

讨论　是　有　在

有些动词可以重叠

Some verbs can be duplicated.

看看　试试　念一念　说一说

坐了坐　笑了笑

分析分析　介绍介绍

4. 能愿动词　Auxiliary verbs

想　要　会　能　可以

5. 形容词　Adjectives

长　短　早　晚　难　容易　简单

有些形容词可以重叠。

Some adjectives can be duplicated.

好好儿　慢慢儿

高高兴兴　干干净净

6. 数词　Numerals

(1) 基数　Cardinal numbers

二　两　三　半　十　百

千　亿　一百零六　一千二百万

(2) 序数　Ordinal numbers

第一　三班　一九八八年　三月

九日

(3) 概数　Approximate numbers

四五十　二十八九　十几　几百

329

几万　　三十多　　两千多　　五百多万

7. 量词　Measure words

(1) 名量词　Nominal measure words

个　　张　　把　　本　　斤　　块

件　　篇

(2) 动量词　Verbal measure words

次　　遍　　下儿

8. 介词　Prepositions

在　　从　　跟　　离　　对　　把

被　　让　　叫　　比　　按照

9. 副词　Adverbs

都　　常　　很　　太　　才　　就

再　　又　　只　　不　　也　　已经

忽然

10. 连词　Conjunctions

和　　或者　　虽然　　但是　　可是

因为

11. 助词　Particles

(1) 结构助词　Structural particles

的　　地　　得

(2) 动态助词　Aspectual particles

了　　着　　过

(3) 语气助词　Modal particles

吗　　呢　　吧　　的　　了　　啊

12. 叹词　Interjections

　　啊

13. 象声词　Onomatopoeia

　　哗啦哗啦

二、句子部分　Sentences

（一）　句子分类　句子分为单句和复句

Classification of sentences: Chinese sentences can ɔe divided into simple sentences and compound sentences.

1. 单句　Simple sentences

（1）按结构分：　According to their structures, simple sentences can be classified as:

A. 名词谓语句　（17课）　The sentence with a noun as its predicate (see Lesson 17)

　　他上海人。

　　今天星期三。

B. 形容词谓语句　（12课）　The sentence with an adjective as its predicate (see Lesson 12)

　　北京的冬天很冷。

　　音序查字法比较简单。

C. 动词谓语句　（13课）　The sentence with a verb as its predicate (see Lesson 13)

　　张力明天去广州。

　　他送我一本中文小说。

D. 主谓谓语句　（17课）The subject-predicate sentence

(see Lesson 17)

他身体很好。

颐和园风景很美。

(2)　按用途分：　According to their functions, simple sentences can be classified as:

A. 陈述句　Statements

这本书很有意思。

中国是一个多民族的国家。

B. 疑问句　Interrogative sentences

你喜欢吃中国饭吗？

我喝汽水，你喝什么？

汉语的发音难不难？

你哥哥是今年毕业还是明年毕业？

暑假我们一起去旅行，好吗？

C. 祈使句　Imperative sentences

请喝茶！

快把衣服上的雪扫扫吧！

D. 感叹句　Exclamatory sentences

这个电影太好了！

啊，这儿的风景美极了！

2. 复句　（44课）　Compound sentences

(1) 联合复句　Compound sentences

他又是我的老师，又是我的朋友。

这个城市很漂亮，人们也非常热情。

(2) 偏正复句　Complex sentences

A.　"虽然…但是…"表示转折。　虽然…但是… indicates an adversative relation.

> 这件衣服虽然贵，（但是）他还是很想买。
>
> 张老师虽然年纪大了，但是身体很好。

B.　"因为…所以(suǒyǐ)…"表示因果。　因为…所以 (suǒyǐ so)...indicates cause and effect.

> 因为他怕冷，所以冬天不去东北旅行。
>
> 我（因为）坐在前边，所以看得很清楚。

C.　"如果…就…"表示假设　如果…就… indicates hypothesis.

> 如果暑假很长，我就到西北去旅行。
>
> 你（如果）有什么问题，可以去问王老师。

D.　"一…就…"表示条件　一…就… indicates a condition.

> 他一喝酒，就脸红。
>
> 我一遇到困难，他就来帮助我。

（二）句子成分　Elements of the sentence

1．主语　Subject

> 北京是中国的首都。
>
> 太冷不好，太热也不好。

参观旅行可以帮助我们了解中国。

身体好很重要。

2. 谓语 Predicate

他们的发音都很好。

早睡早起是个好习惯。

3. 宾语 Object

这种毛衣很好，我要买一件。

学习汉语要多说，不要怕说错。

你要注意锻炼身体。

我觉得自己知道得很少。

4. 定语 Attributive

这本书是法文的。

他是北京语言学院的学生。

很多人喜欢旅行。

他买的衬衣很好看。

5. 状语 Adverbial

那个电影不太好。

他在城里住，我在城外住。

他常常晚上写文章。

6. 补语 Complements

(1) 程度补语 （20课） Complement of degree (see Lesson 20)

他来得很早。

丁文游泳游得很好。

孩子们高兴得跳起来了。

(2) 结果补语 （27课） Complement of result (see Lesson 27)

练习他作完了。

我没买着那种词典，但是借到了一本。

请你把窗户关上。

(3) 趋向补语 （29课、35课） Complement of direction (see Lessons 29, 35)

他回宿舍去了。

我带来了几本新书。

她从商店买回来几斤水果。

下课了，学生们都跑出教室去了。

(4) 可能补语 （36课） Potential complement (see Lesson 36)

他说得很慢，我听得懂他的话。

那个门太小，汽车开不进去。

她们八月三十号以前回得来回不来？

(5) 时量补语 （33课） Complement of time (see Lesson 33)

他每天锻炼四十分钟。

昨天晚上我看电视看了一个小时。

我哥哥毕业已经两年了。

(6) 数量补语 （39课） Complement of quantity (see

335

Lesson 39)

这件衣服长一点儿。

妹妹比姐姐小四岁。

（三）　动词的态　Aspects of verbs

1.　动作的完成可以用"了"表示。否定式用"没有"。
（24课）

The completion of an action can be expressed by the aspectual particle 了. The negative form is constructed with 没有 (see Lesson 24).

我复习了旧课，也预习了新课。

我没（有）听今天早上的广播，你听了吗？

2.　动作的进行可以用"正""正在""在""呢"或者"正在…呢"表示。（31课）

An action in progress can be expressed by using 正，正在，在，呢，or 正在…呢 (see Lesson 31).

比赛正在进行。

她正上课呢，你现在不能找她。

3.　动作或状态的持续可以用"着"表示，否定式用"没（有）…着"。

The continuation of an action or a state can be expressed by using 着. The negative form is constructed with 没（有）…着.

墙上挂着大衣和帽子。

桌子上没摆着花，只放着一个收音机。

4. 动作即将发生可以用"要…了""快要…了""就要…了"表示。（28课）

An action which will happen in the immediate future can be expressed by using 要…了，就要…了 (see Lesson 28).

新年要到了。

弟弟快要毕业了。

5. 过去的经历用"过"表示,否定式用"没(有)…过"。（30课）

Past experience can be expressed by using 过, and its negation by using 没(有)…过 (see Lesson 30).

我听过她唱的歌。

我去过上海，没去过广州。

（四）几种特殊的动词谓语句 Several special types of verbal-predicate sentences

1. 连动句（25课） Multi-verbal sentences (Lesson 25)

昨天我们去北京饭店看了一个朋友。

请你打个电话叫一辆出租汽车。

2. 兼语句 （31课） Pivotal sentences (see Lesson 31)

张老师请你去他家。

哈利让我告诉你，他不来了。

3. 用"是…的"强调动作的时间、地点或方式。（34课）

是…的 used to emphasize time, place or manner (see Lesson 34)

他是从英国来的。

337

我哥哥是上个月到南京去的。

他们是坐飞机来的。

4. "把"字句 （37课、38课）

Sentences with 把 (see Lessons 37, 38)

先把黑板擦一擦，再写上"联欢会"三个字。

他没把照相机带来。

请你把汽车开到学校门口等我。

5. "被"字句 （43课）

Sentences with 被 (see Lesson 43)

刘向东被汽车撞伤了。

我的字典让人借走了。

6. 存现句 （42课）

Sentences showing existence (see Lesson 42)

门口停着一辆汽车。

前边跑过来五、六个女孩子。

宿舍里昨天搬走了两个同学。

（五） 比较的方法　Comparison

1. 用"更""最"表示比较（25课、37课）

更，最 used to express comparison (see Lessons 25, 37)

这匹马跑得很快，那匹马跑得更快。

这种方法简单，那种方法更简单，他介绍的那种方法最简单。

2.用"比"表示比较（39课）

比 used to express comparison (see Lesson 39)

这条路比那条路近。

这个箱子比那个箱子重得多。

3. 用"跟…一样"表示比较（41课）

跟…一样 used to express comparison (see Lesson 41)

这条河跟那条河一样宽。

我跟他哥哥不一样大。

4. 用"有…那么（这么）…"表示比较（41课）

有…那么（这么）… used to express comparison (see Lesson 41)

小妹妹已经有桌子这么高了。

我没有他那么喜欢音乐。

词 汇 表

Vocabulary

A

阿姨	（名）	āyí	aunty	32
啊	（叹）	à	*an interjection*	29
矮	（形）	ǎi	short (in stature)	39
爱	（动）	ài	to love	28
爱人	（名）	àiren	husband or wife	32
按	（介）	àn	in accordance with	30
岸	（名）	àn	bank	36
按时		ànshí	in time	30
按照	（介）	ànzhào	according to	41

B

把	（介）	bǎ	*a preposition showing disposal*	37
吧	（助）	ba	*a modal particle*	29
摆	（动）	bǎi	to put, to place	38
搬	（动）	bān	to remove, to move	37

340

办	（动）	bàn	to do, to handle	39
办法	（名）	bànfǎ	method, way	41
帮	（动）	bāng	to help	37
帮助	（动）	bāngzhù	to help	37
包	（量）	bāo	pack, bundle. parcel	37
薄	（形）	báo	thin	36
饱满	（形）	bǎomǎn	full (of vigour, etc.)	35
抱	（动）	bào	to carry in one's arms, to embrace	37
报告	（名、动）	bàogào	report; to give a report	34
杯	（量）	bēi	*a measure word*	34
北方	（名）	běifāng	north, the North	33
北京饭店	（专）	Běijīng Fàndiàn	Beijing Hotel	34
倍	（量）	bèi	-fold, times	40
被	（介）	bèi	*a preposition indicating the passive voice;* by	43
比	（介）	bǐ	*a preposition showing comparison*	39
笔画	（名）	bǐhuà	stroke(s) of a character	44
比较	（副）	bǐjiào	comparatively	33
毕业		bìyè	to graduate, graduation	33
边	（名）	biān	side	29
编	（动）	biān	to write, to compile	38

341

鞭炮	（名）	biānpào	firecrackers	31
遍	（量）	biàn	*a measure word*, time	30
变化	（名、动）	biànhuà	change; to change	33
变样		biànyàng	change	39
表	（名）	biǎo	clinical thermometer	30
表	（名）	biǎo	watch	36
表	（名）	biǎo	table, form	44
表演	（动）	biǎoyǎn	to perform	31
别	（副）	bié	*used to form negative imperative*, don't	23
别人	（代）	biérén	others, another person	42
病	（动）	bìng	to be ill	23
病人	（名）	bìngrén	patient	38
博物馆	（名）	bówùguǎn	museum	24
布	（名）	bù	cloth	40
部分	（名）	bùfen	part	44
部首	（名）	bùshǒu	character radical	44
布置	（动）	bùzhì	to arrange	38

C

擦	（动）	cā	to clean, to wipe	38
猜	（动）	cāi	to guess	36
才	（副）	cái	then and only then	24

参观	（动）	cānguān	to visit	24
残疾人	（名）	cánjīrén	handicapped person	43
层	（量）	céng	layer, storey	41
茶	（名）	chá	tea	34
查	（动）	chá	to check, to look up	44
差不多	（形）	chàbuduō	more or less	33
产量	（名）	chǎnliàng	output	39
长	（形）	cháng	long	33
长城	（专）	Chángchéng	the Great Wall	29
长度	（名）	chángdù	length	40
长江	（专）	Cháng Jiāng	the Yangtze River	40
场	（量）	chǎng	*a measure word for games, performances, etc.*	26
唱（歌）	（动）	chàng(gē)	to sing (a song)	27
超过	（动）	chāoguò	to surpass, to exceed	40
朝	（介）	cháo	towards	42
车	（名）	chē	vehicle	34
成	（动）	chéng	to become	38
成绩	（名）	chéngjī	achievement	43
成语	（名）	chéngyǔ	idiom	36
城市	（名）	chéngshì	city, town	25
出	（动）	chū	to go out	29
初	（头）	chū	*prefix for the first ten*	31

			days of the lunar month	
出发	（动）	chūfā	to start off	24
出租汽车		chūzū qìchē	taxi	34
除了…以外		chúle...yǐwài	except, besides	44
楚国	（专）	Chǔguó	the Chu State	42
穿	（动）	chuān	to put on, to wear	23
船	（名）	chuán	boat, ship	25
传统	（名）	chuántǒng	tradition	31
窗户	（名）	chuānghu	window	27
春节	（名）	chūnjié	the Spring Festival	31
春天	（名）	chūntiān	spring	28
此后	（连）	cǐhòu	hereafter	43
次	（量）	cì	a verbal measure word, time	25
从…到…		cóng...dào...	from...to...	26
从…起		cóng...qǐ	from...on	26
从前	（名）	cóngqián	before	36
错	（形）	cuò	wrong	27

D

答应	（动）	dāying	to agree, to answer	41
打（电话）	（动）	dǎ(diànhuà)	to make (a call)	25
打（开）	（动）	dǎ(kāi)	to turn on	27
打针		dǎzhēn	to give (have) an injection	30
大概	（副）	dàgài	probably, approximately	34
大家	（代）	dàjiā	everybody	28
大门	（名）	dàmén	gate	31
大娘	（名）	dàniáng	aunty, aunt	37
大声	（名）	dàshēng	loud voice	29
大衣	（名）	dàyī	overcoat	38
带	（动）	dài	to take, bring along	29
戴	（动）	dài	to wear	36
袋	（量）	dài	sack, bag	37
代表	（名）	dàibiǎo	representative	33
代表队	（名）	dàibiǎoduì	(sports) team	43
代表团	（名）	dàibiǎotuán	delegation	34
单	（名）	dān	list	38
但（是）	（连）	dàn(shì)	but	42
当…的		dāng…deshíhou	when	35

时候

当然	（形）	dāngrán	certainly, of course	36
倒	（动）	dǎo	to fall	35
到	（动）	dào	to arrive	24
得（病）	（动）	dé(bìng)	to contract (a disease)	30
地	（助）	de	*a structural particle*	26
灯	（名）	dēng	light, lamp	44
等	（动）	děng	to wait	26
等	（名）	děng	grade, class	41
等级	（名）	děngjí	grade, class	41
等于	（动）	děngyú	to be equal	44
低	（形）	dī	low	44
低声		dīshēng	in a low voice	41
第	（头）	dì	*a prefix for ordinal numbers*	25
地	（名）	dì	land	39
地铁	（名）	dìtiě	subway, underground railway	34
点	（数）	diǎn	point, dot	40
典礼	（名）	diǎnlǐ	ceremony	34
电报	（名）	diànbào	telegram	26
电话	（名）	diànhuà	telephone	25
电视机	（名）	diànshìjī	TV set	27

掉	（动）	diào	to drop	36
顶	（名）	ding	top	29
丢	（动）	diū	to lose	36
东北	（专）	Dōngběi	Northeast China	34
东京	（专）	Dōngjīng	Tokyo	33
冬天	（名）	dōngtiān	winter	25
懂	（动）	dǒng	to understand	27
读	（动）	dú	to read	44
度	（量）	dù	degree	27
肚子	（名）	dùzi	stomach, belly	30
短	（形）	duǎn	short	36
段	（量）	duàn	section, part, paragraph	33
对	（介）	duì	to	26
对	（动）	duì	to compete, to confront	27
队	（名）	duì	team	27
对面	（名）	duìmiàn	opposite	29
队伍	（名）	duìwu	a procession of people, contingent	35
多	（数）	duō	many, more than	32
多	（副）	duō	how	33
多数	（名）	duōshù	majority	44

E

而且	（连）	érqiě	moreover	25
儿子	（名）	érzi	son	37
耳机	（名）	ěrjī	earphone, headphone	36

F

发烧		fāshāo	to have a fever	23
发现	（动）	fāxiàn	to discover	39
发展	（动）	fāzhǎn	to develop	40
方便	（形）	fāngbiàn	convenient	37
方法	（名）	fāngfǎ	method, way	41
方向	（名）	fāngxiàng	direction	42
房间	（名）	fángjiān	room	25
房子	（名）	fángzi	house	32
访问	（动）	fǎngwèn	to visit	32
放	（动）	fàng	to let off	31
放	（动）	fàng	to place	32
放假		fàngjià	to have a holiday	26
飞	（动）	fēi	to fly	42
非常	（副）	fēicháng	extremely	29
飞机	（名）	fēijī	plane	25

分	（动）	fēn	to divide	41
分析	（动）	fēnxī	to analyse	37
…分之…		…fēnzhī…	formula for fractions	40
粉笔	（名）	fěnbǐ	chalk	38
风	（名）	fēng	wind	28
封	（量）	fēng	*a measure word for letters*	33
丰收	（动、名）	fēngshōu	to have a good harvest; harvest	32
辅导	（动、名）	fǔdǎo	to coach; coaching	33
父亲	（名）	fùqin	father	32
复杂	（形）	fùzá	complicated, complex	36
负责	（动）	fùzé	to be responsible for	34

G

该	（能动）	gāi	should, ought to	28
改	（动）	gǎi	to correct	38
盖	（动）	gài	to build	32
赶(车)	（动）	gǎn(chē)	to drive (a car)	42
赶快	（副）	gǎnkuài	hurriedly	36
感动	（动）	gǎndòng	to be touching, to touch sb's heart; moving	37

感冒	（动）	gǎnmào	to catch cold	23
干部	（名）	gànbu	cadre	28
刚	（副）	gāng	just	29
刚才	（副）	gāngcái	just (now)	27
高	（形）	gāo	high	27
告诉	（动）	gàosu	to tell	26
歌	（名）	gē	song	27
歌舞	（名）	gēwǔ	song and dance	31
格林	（专）	Gélín	Green,	34
各	（代）	gè	each	34
给	（介）	gěi	for, to	24
更	（副）	gèng	even, still	37
更加	（副）	gèngjiā	even more	43
公共汽车		gōnggòngqìchē	(public) bus	26
公历	（名）	gōnglì	the Gregorian calendar	28
工具	（名）	gōngjù	tool	39
工业	（名）	gōngyè	industry	25
古	（形）	gǔ	ancient	36
鼓掌		gǔzhǎng	to applaud	31
故事	（名）	gùshi	story	27
刮（风）	（动）	guā(fēng)	to blow (wind)	28
挂	（动）	guà	to hang	32

关	（动）	guān	to turn off, to close	27
关心	（动）	guānxīn	to show concern for	37
观众	（名）	guānzhòng	audience	35
广播	（动）	guǎngbō	to broadcast	27
广场	（名）	guǎngchǎng	square	42
广州	（专）	Guǎngzhōu	Guangzhou (Canton)	25
国际	（名）	guójì	international	34
国家	（名）	guójiā	state, country	34
国庆	（名）	guóqìng	National Day	28
过	（动）	guò	to pass by	29
过	（助）	guo	*an aspectual particle*	30

H

还是	（副）	háishì	still	43
孩子	（名）	háizi	child	32
海	（名）	hǎi	sea	44
海岸线	（名）	hǎi'ànxiàn	coastline	40
含义	（名）	hányì	implication	36
喊	（动）	hǎn	to shout	29
汉斯	（专）	Hànsī	Hans	26
汉族	（专）	Hànzú	the Han nationality	40
好用	（形）	hǎoyòng	easy to use	39

喝	（动）	hē	to drink	34
河	（名）	hé	river	36
合适	（形）	héshì	suitable	39
黑板	（名）	hēibǎn	blackboard	38
厚	（形）	hòu	thick	36
后来	（名）	hòulái	later	43
忽然	（副）	hūrán	suddenly	35
护士	（名）	hùshi	nurse	28
互相	（副）	hùxiāng	each other	37
花儿	（名）	huār	flower	37
划船		huáchuán	to go boating, to row	33
话	（名）	huà	words	25
话剧	（名）	huàjù	play	30
画片	（名）	huàpiàn	small reproductions of paintings	24
坏	（形）	huài	broken down	36
欢迎	（动）	huānyíng	to welcome	31
换	（动）	huàn	to change	36
黄河	（专）	Huáng Hé	the Yellow River	40
回信	（名）	huíxìn	a letter in reply	33
会场	（名）	huìchǎng	meeting-place, conference hall	38
活	（动、形）	huó	to live; alive	43

活动	（名）	huódòng	activity	33
火车	（名）	huǒchē	train	25
火车站	（名）	huǒchēzhàn	railway station	26

J

激动	（动）	jīdòng	to stir, to be excited	43
积极	（形）	jījí	active	32
机器	（名）	jīqì	machine	39
集合	（动）	jíhé	to rally, to assemble	35
…极了		…jíle	extremely	29
季	（名）	jì	season	28
寄	（动）	jì	to post, to mail	33
记	（动）	jì	to write down, to record, to remember	38
记号	（名）	jìhào	mark	36
季节	（名）	jìjié	season	28
纪念品	（名）	jìniànpǐn	souvenir	24
技术	（名）	jìshù	technique	42
继续	（动）	jìxù	to continue	42
家庭	（名）	jiātíng	family	32
加油		jiāyóu	to cheer on (players)	35
架	（量）	jià	*a measure word for things with supports, stands*	42

353

354

the arrival of)

接着	（连）	jiēzhe	after, following	37
节	（名）	jié	festival	28
结果	（连）	jiéguǒ	result	41
结婚		jiéhūn	marriage	44
节目	（名）	jiémù	programme	27
节日	（名）	jiérì	festival	31
解放	（动）	jiěfàng	liberate	40
解放军	（名）	jiěfàngjūn	liberation army	31
解决	（动）	jiějué	to solve	44
介绍	（动）	jièshào	to introduce, to tell about	24
斤	（量）	jīn	*jin , Chinese unit of weight(= 1/2kg.)*	24
紧张	（形）	jǐnzhāng	intense, busy	33
进步	（形）	jìnbù	progressive	33
进行	（动）	jìnxíng	to carry on, to go on	33
经过	（动）	jīngguò	to pass through	39
精神	（名）	jīngshén	spirit	35
经验	（名）	jīngyàn	experience	38
就	（副）	jiù	then	24
救	（动）	jiù	to save	43
举	（动）	jǔ	to lift	35
举行	（动）	jǔxíng	to hold	34

| 觉得 | （动） | juéde | to feel | 23 |
| 决定 | （动） | juédìng | to decide | 39 |

K

开(车)	（动）	kāi(chē)	to drive (a car)	26
开	（动）	kāi	to open	27
开会		kāihuì	to hold a meeting	31
开始	（动）	kāishǐ	to begin	24
开药		kāiyào	to write out a prescription	30
看病		kànbìng	to get medical consultation	30
看见		kànjiàn	to see, to catch sight of	27
看样子		kàn yàngzi	to look like	42
扛	（动）	káng	to carry on one's shoulder	37
考试	（名、动）	kǎoshì	examination; to test	39
科学	（名、形）	kēxué	science; scientific	27
可能	（能动）	kěnéng	may, perhaps	23
克服	（动）	kèfú	to overcome	44
客气	（形）	kèqi	polite	37
客人	（名）	kèrén	guest	26

356

刻舟求剑		kè zhōu qiǔ jiàn	to carve a mark on the gunwale of a moving boat where a sword was lost overboard—ridiculous stupidity	36
宽	(形)	kuān	wide	39
困难	(名、形)	kùnnan	difficulty; difficult	37

L

劳动	(动)	láodòng	to do physical labour	32
劳驾		láojià	Excuse me; May I trouble you . . . ?	38
老	(形)	lǎo	old	34
老人	(名)	lǎorén	old person	42
了	(语助)	le	*a modal particle*	23
了	(助)	le	*an aspectual particle*	24
累	(动)	lèi	to be tired	44
冷	(形)	lěng	cold	28
李兰英	(专)	Lǐ Lányīng	Li Lanying, *a person's name*	37
礼物	(名)	lǐwù	present, gift	35
立刻	(副)	lìkè	at once	32
力气	(名)	lìqi	strength	43

历史	（名）	lìshǐ	history	36
例如	（动）	lìrú	for example	44
联欢会	（名）	liánhuānhuì	party, get-together	38
脸	（名）	liǎn	face	29
凉快	（形）	liángkuai	cool	28
粮食	（名）	liángshi	grain	37
辆	（量）	liàng	*a measure word for vehicles*	26
了	（动）	liǎo	to end up	42
了解	（动）	liǎojiě	to understand	24
列	（量）	liè	*a measure word for things in rows or files*, rank	42
列	（动）	liè	to list, to arrange	44
流	（动）	liú	to flow	43
刘向东	（专）	Liú Xiàngdōng	Liu Xiangdong, *a person's name*	43
龙灯	（名）	lóngdēng	dragon lantern	31
路	（名）	lù	road	29
录相		lùxiàng	video	33
录音机	（名）	lùyīnjī	tape recorder	27
旅行	（动）	lǚxíng	to travel	25

M

马	（名）	mǎ	horse	41
马车	（名）	mǎchē	carriage	42
玛丽	（专）	Mǎlì	Mary	29
马路	（名）	mǎlù	road, street	43
马上	（副）	mǎshàng	at once	29
毛笔	（名）	máobǐ	Chinese writing brush	25
帽子	（名）	màozi	hat, cap	38
没用		méiyòng	useless	30
每	（代）	měi	each	25
美国	（专）	Měiguó	the United States of America	27
门	（名）	mén	door	27
门口	（名）	ménkǒu	doorway	31
谜语	（名）	míyǔ	riddle	36
米	（量）	mǐ	metre	35
面包	（名）	miànbāo	bread	29
面积	（名）	miànjī	area	40
民族	（名）	mínzú	ethnic group nationality	40
名	（名）	míng	place (used in competition)	35
某	（代）	mǒu	certain	44

亩	（量）	mǔ	a measure word for land, equal to $1/15$ hectare	39
母亲	（名）	mǔqin	mother	32
木	（名）	mù	wood	44

N

拿	（动）	ná	to take, to hold	35
那么	（代）	nàme	such	41
南方	（名）	nánfāng	the South	33
南京	（专）	Nánjīng	Nanjing (Nanking)	25
南辕北辙		nányuánběizhé	head in the wrong direction, diametrically opposite	42
内容	（名）	nèiróng	content	36
能力	（名）	nénglì	ability	42
年纪	（名）	niánjì	age	37
年轻	（形）	niánqīng	young	39
牛奶	（名）	niúnǎi	(cow's) milk	40
农村	（名）	nóngcūn	village	30
农历	（名）	nónglì	lunar calendar	28
农民	（名）	nóngmín	peasant	28
农业	（名）	nóngyè	agriculture	25

女儿	（名）	nǚ'ér	daughter	32
暖和	（形）	nuǎnhuo	warm	28

P

爬	（动）	pá	to climb	29
怕	（动）	pà	to fear, to be afraid of	42
派	（动）	pài	to dispatch, to send	43
胖	（形）	pàng	fat	39
啤酒	（名）	píjiǔ	beer	23
匹	（量）	pǐ	*a measure word for horses, mules, etc.*	41
片	（量）	piàn	*a measure word*, tablet	30
漂亮	（形）	piàoliang	pretty, beautiful	39
拼音字母		pīnyīn zìmǔ	phonetic alphabet	44
瓶	（量）	píng	bottle	24
平常	（形）	píngcháng	ordinary	43
平方	（名）	píngfāng	square	40
苹果	（名）	píngguǒ	apple	23

Q

骑	（动）	qí	to ride	26

齐国	（专）	Qíguó	the Qi State	41
齐王	（专）	Qíwáng	King of the Qi State	41
汽车	（名）	qìchē	car	25
汽车站	（名）	qìchēzhàn	bus stop	26
汽水	（名）	qìshuǐ	fizzy drink, soda water	23
气温	（名）	qìwēn	temperature	27
千	（数）	qiān	thousand	39
前年	（名）	qiánnián	the year before last	34
前天	（名）	qiántiān	the day before yesterday	34
墙	（名）	qiáng	wall	32
强	（形）	qiáng	strong	42
强国	（名）	qiángguó	powerful country	40
轻工业	（名）	qīnggōngyè	light industry	34
晴	（形）	qíng	clear	27
情况	（名）	qíngkuàng	situation, condition	24
请	（动）	qǐng	to invite	31
秋天	（名）	qiūtiān	autumn	28
球赛	（名）	qiúsài	ball game	24
圈	（量）	quān	circle, *a measure word*	35
全	（形、副）	quán	whole	28
全身	（名）	quánshēn	whole body	43
却	（副）	què	but	41

R

然后	（副）	ránhòu	then	44
让	（动）	ràng	to let	31
让	（介）	ràng	*introduces agent in passive construction*, by	43
热	（形）	rè	hot	28
热烈	（形）	rèliè	warm	31
热闹	（形）	rènao	bustling, astir	35
热情	（形）	rèqíng	cordial, enthusiastic	24
人口	（名）	rénkǒu	population	40
人民剧场	（专）	Rénmín Jùchǎng	People's Theatre	24
认识	（动）	rènshi	to recognize, to know	37
认为	（动）	rènwéi	to think	25
扔	（动）	rēng	to throw	43
肉	（名）	ròu	meat	40
如果	（连）	rúguǒ	if	44

S

赛马		sàimǎ	horse-race	41
赛跑	（名）	sàipǎo	race	35

扫	（动）	sǎo	to sweep	37
山	（名）	shān	mountains	29
伤	（动）	shāng	to wound, to injure	43
赏月		shǎngyuè	to enjoy looking at the moon	28
上	（形）	shàng	last	26
上（车）	（动）	shàng(chē)	to get on (a bus)	26
上等	（形）	shàngděng	superior grade, first class	41
上海	（专）	Shànghǎi	Shanghai	25
上学		shàngxué	to go to school	39
少数民族		shǎoshù mínzú	ethnic national minority	40
社会主义	（名）	shèhuìzhǔyì	socialism	40
身（上）	（名）	shēn(shang)	body	37
深	（形）	shēn	deep	42
声调	（名）	shēngdiào	tone	44
生活	（名）	shēnghuó	life	32
声音	（名）	shēngyīn	voice, sound	36
失掉	（动）	shīdiào	to lose	43
狮子舞	（名）	shīziwǔ	lion dance	31
十分	（副）	shífēn	very	37

364

时间	（名）	shíjiān	time	33
事	（名）	shì	matter, thing	27
试	（动）	shì	to try	30
事情	（名）	shìqing	matter, thing	44
收录机	（名）	shōulùjī	radio-cassette recorder	32
收入	（名、动）	shōurù	income; to earn	39
收音机	（名）	shōuyīnjī	radio	27
手	（名）	shǒu	hand	26
首都	（名）	shǒudū	capital	40
瘦	（形）	shòu	thin	39
输	（动）	shū	to lose	41
蔬菜	（名）	shūcài	vegetable	40
舒服	（形）	shūfu	comfortable	23
叔叔	（名）	shūshu	uncle	32
数	（动）	shǔ	to count	44
树	（名）	shù	tree	29
数量	（名）	shùliàng	quantity	44
数目	（名）	shùmù	number	40
刷(牙)	（动）	shuā(yá)	to brush (teeth)	29
摔	（动）	shuāi	to fall	35
水	（名）	shuǐ	water	36
水果	（名）	shuǐguǒ	fruit	23

水平	（名）	shuǐpíng	level standard	44
顺序	（名）	shùnxù	order	44
送	（动）	sòng	to send, to see (sb.) off	26
虽然	（连）	suīrán	although	42
岁	（名）	suì	age	39
所有	（形）	suǒyǒu	all	44

T

它	（代）	tā	it	38
台	（量）	tái	*a measure word for engines, machines, etc.*	39
谈（话）	（动）	tán(huà)	to talk	25
糖	（名）	táng	sweets, sugar;	23
躺	（动）	tǎng	to lie	44
讨论	（动）	tǎolùn	to discuss	33
特别	（形）	tèbié	special, particular	31
疼	（动）	téng	to ache, pain	23
提	（动）	tí	to put forward	24
提包	（名）	tíbāo	handbag, bag	35
提高	（动）	tígāo	to raise	40
体操队	（名）	tǐcāoduì	gymnastics team	35
天	（名）	tiān	sky	36
天津	（专）	Tiānjīn	Tianjin (Tientsin)	25

天气	（名）	tiānqì	weather	27
天坛公园	（专）	Tiāntán Gōngyuán	the Temple of Heaven Park	24
田忌	（专）	Tiánjì	Tian Ji, *a person's name*	41
条	（量）	tiáo	*a measure word for long narrow things, e.g. streets, fish, trousers, etc.*	39 39
条件	（名）	tiáojiàn	condition	42
跳	（动）	tiào	to jump	35
跳舞		tiào wǔ	dance	31
贴	（动）	tiē	to paste, to stick	38
听说		tīngshuō	It is said that, ... (I am) told that	39
停	（动）	tíng	to stop	38
通知	（动、名）	tōngzhī	to inform; notice	37
同	（形）	tóng	same	41
同样	（形）	tóngyàng	same	41
头	（名）	tóu	head	23
团长	（名）	tuánzhǎng	head of delegation	34
腿	（名）	tuǐ	leg	30

W

外	（名）	wài	outside	29

外地	（名）	wàidì	places within a country other than where one is	26
完	（动）	wán	to finish	27
万	（数）	wàn	ten thousand	40
王国华	（专）	Wáng Guóhuá	Wang Guohua, *a person's name*	32
忘	（动）	wàng	to forget	29
往	（介）	wǎng	towards	29
为了	（介）	wèile	for	37
位子	（名）	wèizi	seat	25
文章	（名）	wénzhāng	article	37
握(手)	（动）	wò(shǒu)	to shake (hands)	26
武术	（名）	wǔshù	*Wushu*, martial arts (general term for various kinds of Chinese traditional shadow boxing and fencing)	31

X

习惯	（动、名）	xíguàn	to be used to; habit	33
洗(脸)	（动）	xǐ(liǎn)	to wash (face)	29
下	（形）	xià	next	26
下(车)	（动）	xià(chē)	to get off (a bus)	26

下(雨)	(动)	xià(yǔ)	(of rain etc.) to fall	28
下等	(形)	xiàděng	inferior grade	41
下儿	(量)	xiàr	*a measure word*, time	30
吓	(动)	xià	to frighten	43
夏天	(名)	xiàtiān	summer	25
先	(副)	xiān	first	25
先生	(名)	xiānsheng	Mr., Sir	42
现代化	(名)	xiàndàihuà	modernization	40
相同	(形)	xiāngtóng	same	44
箱子	(名)	xiāngzi	box	32
相	(名)	xiàng	photograph	29
项目	(名)	xiàngmù	item	35
消息	(名)	xiāoxi	news	33
小麦	(名)	xiǎomài	wheat	39
小卖部	(名)	xiǎomàibù	a small shop attached to a hotel, a school, etc.	24
小时	(名)	xiǎoshí	hour	29
小心	(形)	xiǎoxīn	careful	36
小学	(名)	xiǎoxué	primary school	39
笑	(动)	xiào	to smile, to laugh	31
谢刚	(专)	Xiè Gāng	Xie Gang, *a person's name*	37
心(里)	(名)	xīn(li)	(at) heart	41

新年	（名）	xīnnián	New Year	31
信	（名）	xìn	letter	33
行	（形）	xíng	right	30
形	（名）	xíng	shape	38
休假		xiūjià	to be on holiday, be on leave	37
修理	（动）	xiūlǐ	to repair	44
许	（动）	xǔ	to allow	43
选		xuǎn	to select	43
学术	（名）	xuéshù	learning, science, academic	34
雪	（名）	xuě	snow	28
训练	（动）	xùnliàn	to train	43

Y

牙	（名）	yá	tooth	29
亚洲	（专）	Yàzhōu	Asia	40
研究	（动）	yánjiū	to do research	44
研究所	（名）	yánjiūsuǒ	research institute	34
演	（动）	yǎn	to perform	31
眼泪	（名）	yǎnlèi	tear	43
演员	（名）	yǎnyuán	actor, actress	31
洋子	（专）	Yángzǐ	Ioko, *a person's name*	33

370

要求	（动、名）	yāoqiú	to request; requirement	36
摇	（动）	yáo	to shake	42
药	（名）	yào	medicine	23
药方	（名）	yàofāng	prescription	30
要…了		yào…le	will	28
药片	（名）	yàopiàn	medicinal tablet	30
页	（名）	yè	page	44
业余	（形）	yèyú	amateur, sparetime	43
衣柜	（名）	yīguì	wardrobe	32
衣架	（名）	yījià	coat hanger, clothes tree	38
一…就		yī…jiù	*indicates close succession of two actions*	44
医务室	（名）	yīwùshì	infirmary, clinic	30
医院	（名）	yīyuàn	hospital	23
一半	（名）	yíbàn	half	27
一定	（副）	yídìng	certainly	23
一定	（形）	yídìng	fixed, specific	44
一会儿	（名）	yíhuìr	a moment	29
一样	（形）	yíyàng	same	41
以后	（名）	yǐhòu	later on, in the future	28
已经	（副）	yǐjīng	already	23
以前	（名）	yǐqián	before	28

亿	（数）	yì	a hundred million	40
一边…		yìbiān . . .yìbiān	to do sth. while doing	28
一边			sth. else	
一点儿		yìdiǎnr	a little	36
意见	（名）	yìjian	opinion	27
毅力	（名）	yìlì	will power, fortitude	43
意思	（名）	yìsi	meaning , sense	37
因为	（连）	yīnwèi	because	26
音序	（名）	yīnxù	phonetic order	44
音乐	（名）	yīnyuè	music	27
应该	（能动）	yīnggāi	should	30
赢	（动）	yíng	to win	41
用	（动）	yòng	to use	25
由	（介）	yóu	from, by	44
游	（动）	yóu	to swim	43
游泳	（动）	yóuyǒng	swimming, to swim	43
有的	（代）	yǒude	some	31
有关系		yǒu guānxi	have . . .to do with	42
有名	（形）	yǒumíng	famous	33
有一点儿		yǒuyìdiǎnr	a little	36
友子	（专）	Yǒuzǐ	Ponoko, *a person's name*	33
又	（副）	yòu	again	35

幼儿园	（名）	yòu'éryuán	kindergarten	35
愉快	（形）	yúkuài	happy	31
雨	（名）	yǔ	rain	28
预报	（动）	yùbào	to forecast	27
遇见		yùjiàn	to meet	34
圆	（形）	yuán	round	28
原谅	（动）	yuánliàng	to excuse, to forgive	33
愿意	（能愿）	yuànyì	willing	30
月饼	（名）	yuèbing	moon cake	28
越来越	（副）	yuèláiyuè	more and more	42
月亮	（名）	yuèliang	moon	28
越…越		yuè….yuè	the more …the more	42
运动	（动）	yùndòng	to take exercise	30
运动场	（名）	yùndòngchǎng	sportsground	34
运动会	（名）	yùndònghuì	sports meet	34
运动员	（名）	yùndòngyuán	athlete, sportsman	31

Z

杂技	（名）	zájì	acrobatics	31
在	（动）	zài	in	23
在	（副）	zài	*an adverb indicating an action in progress*	31

再	（副）	zài	again	25
怎么	（代）	zěnme	how	30
增加	（动）	zēngjiā	to increase	39
展览	（名）	zhǎnlǎn	exhibition	24
展览馆	（名）	zhǎnlǎnguǎn	exhibition hall	24
站	（动）	zhàn	to stand	29
站	（名）	zhàn	station	26
占	（动）	zhàn	to occupy	40
长	（动）	zhǎng	to grow	39
掌握	（动）	zhǎngwò	to grasp	44
着	（动）	zháo	*used as a complement, indicates that one gets what one needs or achieves one's goal*	36
着急	（形）	zháojí	worried	35
找	（动）	zhǎo	to look for	25
照顾	（动）	zhàogù	to care for	37
照片	（名）	zhàopiàn	photograph	32
照(相)	（动）	zhào(xiàng)	to take (a photo)	29
照相机	（名）	zhàoxiàngjī	camera	29
这么	（代）	zhème	such	41
这样	（代）	zhèyàng	like this	42
着	（助）	zhe	*an aspectual particle*	32

374

真	（形）	zhēn	real	29
整齐	（形）	zhěngqí	tidy	32
正	（副）	zhèng	*an adverb indicating*	31
			an action in progress	
正常	（形）	zhèngcháng	normal	43
正确	（形）	zhèngquè	correct	44
只	（量）	zhī	*a measure word for*	32
			some utensils, boats, etc.	
知道	（动）	zhīdao	to know	30
指	（动）	zhǐ	to point	38
只好	（副）	zhǐhǎo	can not but, can only	41
只要	（连）	zhǐyào	so long as	44
治	（动）	zhì	to cure, to treat	30
			(a disease)	
…中		…zhōng	in, among	40
中等	（形）	zhōngděng	medium grade	41
中华人	（专）	Zhōnghuá	the People's Republic	40
民共和		Rénmín	of China	
国		Gònghéguó		
中秋	（名）	zhōngqiū(jié)	Mid-Autumn	28
（节）			Festival	
中山路	（专）	Zhōngshānlù	Zhongshan Road	37
钟头	（名）	zhōngtóu	hour	33

中心	（名）	zhōngxīn	centre	43
中学	（名）	zhōngxué	middle school	39
种	（量）	zhǒng	kind, sort	44
重	（形）	zhòng	heavy	30
主席台	（名）	zhǔxítá	rostrum	35
住	（动）	zhù	to live	32
祝	（动）	zhù	to wish	33
注意	（动）	zhùyì	to pay attention to	23
撞	（动）	zhuàng	to hit, to bump into	43
追	（动）	zhuī	to run after, to pursue	35
准备	（名）	zhǔnbèi	to prepare	31
字	（名）	zì	character	25
字典	（代）	zìdiǎn	dictionary	44
自已	（名）	zìjǐ	self	30
自行车	（动）	zìxíngchē	bicycle	26
自学	（动）	zìxué	to study by oneself	44
走	（动）	zǒu	to walk, to leave	23
组成	（动）	zǔchéng	to compose	44
组织	（动）	zǔzhī	to organize	25
最	（副）	zuì	most	25
最后	（名）	zuìhòu	last, at last	35
最近	（名）	zuìjìn	recent	33
坐	（量）	zuò	to sit, to go by	25

责任编辑：贾寅淮
封面设计：李士伋

基 础 汉 语 课 本
修 订 本
第二册
＊

©华语教学出版社
华语教学出版社出版
（中国北京百万庄路 24 号）
邮政编码 100037
电话:（86）10-68995871 / 68326333
传真:（86）10-68326333
电子信箱: hyjx@263.net
北京外文印刷厂印刷
中国国际图书贸易总公司海外发行
（中国北京车公庄西路 35 号）
北京邮政信箱第 399 号　邮政编码 100044
新华书店国内发行
1994 年（大 32 开）第一版
2004 年第四次印刷
（汉英）
ISBN 7-80052-135-4 / H·129(外)
9 – CE – 2442PB
定价：34.20 元